MÉMOIRES

D'ATHANAÏSE.

III.

MÉMOIRES D'ATHANAÏSE,

PAR

MADAME GUÉNARD,

auteur d'Irma, des Mémoires de Madame la Princesse de Lamballe, etc.

TOME TROISIÈME.

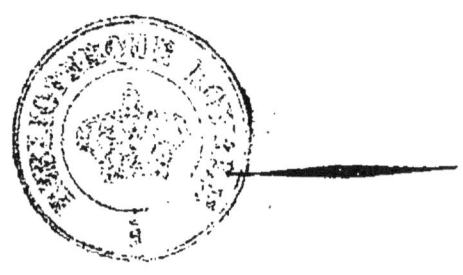

A PARIS,

CHEZ CH. POUGENS, LIBRAIRE,
QUAI VOLTAIRE, N°. 10.

1803.

MÉMOIRES
D'ATHANAÏSE.

A PEINE le paquet d'Athanaïse étoit à la poste, qu'elle entendit le bruit d'une chaise qui entroit dans la cour : elle tressaillit de crainte et de plaisir ; qui est-ce qui sait à quel point notre cœur est foible ! Cependant elle contraignit le désir extrême qu'elle avoit de savoir qui pouvoit venir dans ce désert, et retourna dans la chambre d'Amélie. Mais hélas ! quel objet frappa ses yeux ! sa malheureuse amie luttant contre la mort, sans connoissance, sans mouvement, respiroit à peine. Madame de Saint-Antoine l'arracha de ce triste spectacle, et comme elle l'entraînoit chez elle, on vint lui dire qu'on la demandoit au parloir. Athanaïse rentra dans son appartement pour pleurer son amie, madame de Saint-Antoine vint bientôt l'y retrouver, et lui apporta un billet qu'elle ouvrit par obéissance.

Billet du comte d'Ormont à madame de Walmore.

A Saint-Éloi, ce lundi 20 octobre 1743.

« Un génie qui semble s'attacher à mes pas pour me rendre le plus malheureux des hommes, m'a forcé de traverser les mers avec la profonde douleur, madame, de n'avoir pu, avant de m'embarquer, découvrir vos traces, et de ne pouvoir donner à mon ami la consolation de lui apprendre dans quel lieu habitoit celle qu'il adore. Le ciel ui a eu pitié du chagrin que j'éprouve, et qui me rappeloit celui que je conserve toujours de la perte de ma sœur, a permis que le vaisseau que je montois fût pris à la hauteur des Açores. J'ai été conduit à Londres, où mon premier soin a été de me rendre chez mistriss Belton, au moment où elle revenoit de France. Je n'ai pu douter que c'étoit vous qu'elle y avoit été chercher, et je lui ai arraché son secret. J'ai aussitôt sollicité mon échange, et je viens ici, bien résolu de ne pas partir sans vous avoir vue. Si vous fuyez l'amour, ne désespérez pas l'amitié! Qui jamais en a eu une plus sincère et plus respectueuse, que celui, etc. »

— Madame de Saint-Antoine la força de la suivre au parloir, et l'y laissa seule avec le comte d'Ormont. Il fut pénétré de joie en la revoyant. Sans lui laisser le temps de lui parler d'elle, elle lui dit : — Je pourrois vous donner de nouveaux indices d'Amélie. — Grands Dieux ! Seroit-elle ici ? Est-il possible. — Je ne dis pas cela, mon ami. ... Je vous quitte un moment pour aller demander à madame la prieure la permission de vous faire entrer, vous trouverez ici madame de Lesseville qui a été intimement liée avec elle, et comme cette dame est très-malade, elle ne pourroit se transporter à la grille.... Je cours m'occuper de vous donner au moins la consolation de l'entretenir un moment avant sa mort que je crains qui ne soit prochaine. Elle vola chez la prieure. — Madame de Lesseville respire-t-elle encore ? — Oui, répondit madame de Saint-Antoine, et même le médecin a quelqu'espérance, il ajoute qu'il faut une crise : si elle a la force de la soutenir, elle est hors de danger. Athanaïse dit alors à la prieure, sous le secret, que madame de Lesseville étoit la comtesse Amélie d'Ormont, chanoinesse de Maubeuge, que l'étranger qui venoit d'arriver étoit son frère, et que craignant qu'elle ne fût morte avant l'instant où le comte pourroit la voir, elle n'avoit pas voulu lui dire que sa sœur étoit au prieuré.

Madame de Saint-Antoine fit ouvrir la porte au comte d'Ormont, Athanaïse vint au devant de lui, et le laissant avec la prieure, elle alla dans la chambre d'Amélie, voir s'il étoit possible de la préparer à cette reconnoissance, sans danger pour ses jours. Elle la trouva un peu plus calme, et s'approchant de son lit. — Si vous tenez encore à la vie, lui dit-elle, je puis vous assurer qu'elle peut être heureuse, je vous ai dit vingt fois que le comte d'Ormont m'avoit souvent parlé de sa sœur; il ne respire qu'après le bonheur de la voir. — Ah !

ne trahissez pas mon secret, ma chère Athanaïse, laissez-moi mourir ignorée. Je vous le répète, mon frère même ne pourroit suspendre les effets de ma juste douleur. — Quoi ! votre âme ne répondroit pas à la sienne ? lui qui ne veut d'autres biens que celui de vous voir. — C'est impossible. — Mais s'il étoit ici. — Ah ! que dites vous.... Athanaïse crut avoir fait une imprudence irréparable, les yeux de la malade devinrent fixes, ses membres se roidirent, une sueur froide lui couvrit le front. Athanaïse appela promptement au secours, le médecin entra, et lui dit après avoir examiné son état, que c'étoit la crise qu'il attendoit ; qu'elle seroit suivie d'un long sommeil, et que si madame de Lesseville se réveilloit ; il n'y auroit plus à craindre pour ses jours.

Son amie retourna vers M. d'Ormont et toujours ne lui parlant d'Amélie que sous le nom de Lesseville, elle lui rapporta la décision du docteur, il lui fit mille questions, elle se borna toujours à lui dire que madame de Lesseville pouvoit seule l'instruire; qu'elle avoit promis à la comtesse Amélie, de ne révéler son secret qu'à M. d'Ormont, quand elle le rencontreroit, mais qu'elle lui avoit fait promettre aussi de ne faire aucune démarche. Le comte ne pouvoit rien comprendre à tout ce que lui disoit Athanaïse, il voulut lui parler de Célicour et de ses regrets; mais elle ne voulut rien entendre: son âme étoit si fortement occupée d'Amélie, qu'elle ne pouvoit sentir ses propres chagrins. L'amour, le tyran son cœur, veut y régner seul, et semble s'éloigner lorsqu'il s'occupe vivement d'autres sentimens. Le comte attendit donc en silence le réveil d'Amélie. Athanaïse alloit quelquefois auprès de son lit et la voyoit toujours calme : sa respiration étoit libre et son pouls tranquille. Enfin un léger soupir annonça son réveil, et ses yeux se portant avec tendresse sur ceux de sa jeune amie, elle lui dit. — Où est-il mon frère ?.... Veut-il bien revoir son Amélie ? — Je vais le chercher. Elle vola auprès du comte, et lui apprit avec tous les ménagemens possibles que madame de Lesseville n'étoit autre qu'Amélie : ses soins empêchèrent l'effet trop prompt qu'une pareille surprise auroit pu causer à M. d'Ormont. Elle le pria de dire qu'il n'étoit venu que pour sa sœur, afin de ne point éveiller la curiosité des bonnes religieuses, parce qu'elle n'avoit instruit personne que madame de Saint-Antoine et Amélie de ses malheurs et des relations qu'elle avoit avec le comte d'Ormont : il se prêta à tout ce qu'elle désiroit et la suivit chez Amélie.

« Il me faudroit une plume plus éloquente que la mienne, écrivoit Athanaïse à son amie, pour tracer ces doux momens; ils me firent verser des pleurs, mais qu'ils étoient délicieux ! Le comte ne pouvoit s'arracher des bras de sa sœur, poursuivoit madame de Walmore, en lui rendant compte de l'arrivée de M. d'Ormont. Ils ne se disoient rien, mais quels mots eussent pu remplacer ces douces étreintes ! Madame de Saint-Antoine ne permit pas au comte de rester plus long-tems auprès du lit de sa sœur; mais Amélie ne voulut pas qu'il sortît de sa chambre, et le pria de prendre dans sa cassette le double du manuscrit qu'elle avoit fait passer en Angleterre et qui étoit parti deux heures avant son arrivée à Saint-Eloi. Elle voulut que son frère le lût pour qu'il en disposât de son sort. Il lui faisoit les protestations les plus tendres, mais la prieure les interrompit, et restant auprès du lit d'Amélie, elle ne permit pas qu'on lui dît un seul mot. M. d'Ormont se retira auprès d'une des croisées, et tandis qu'il lisoit avec le plus vif intérêt la relation des malheurs de sa sœur, le médecin entra et rendit à tous la joie et l'espérance, en assurant qu'Amélie étoit hors de danger, qu'il ne lui falloit plus que du ménagement. Le docteur n'avoit pas apperçu le comte qui à ces mots lui sauta au col, ce qui l'étonna beaucoup. M. d'Ormont sans lui donner le tems de répondre lui faisoit cent questions de suite. — Sera-t-elle bientôt en état de se lever ? .... De soutenir le mouvement de la voiture ? .... De faire une longue route ? .... Ah ? monsieur que ne vous dois-je pas. .... Vous m'avez sauvé la vie, en conservant la sienne, monsieur disposez de ma fortune.... Quel est monsieur ?

dit le docteur à la prieure, quel intérêt prend-il à madame de Lesseville?.... Alors la mère Cunégonde, en se soutenant sur sa petite béquille, lui répondit: —Ce n'est pas madame de Lesseville.... c'est madame la comtesse Amélie d'Ormont, chanoinesse.... Non, c'est madame la comtesse de Célicour.... Monsieur le comte est son frère, ils ne se sont pas vus depuis vingt ans.... Vous le voyez, c'est ce qui fait qu'ils s'aiment tant.... Dans les familles plus on se voit et moins on se convient.... Si mon frère aîné n'avoit pas toujours vécu avec mon frère le chanoine, et que mes sœurs, la présidente et..... Elle parleroit encore si madame de Saint-Antoine ne lui eût dit: ma chère sœur, nous expliquerons tout cela au docteur: ce qui est nécessaire pour le présent, c'est qu'il mette madame de Célicour en état de suivre M. le comte d'Ormont;

que ce digne frère jouisse de la consolation qu'il mérite après les soins qu'il s'est donnés, pour retrouver son aimable sœur. Le médecin plus au fait, assura que dans quinze jours madame de Célicour seroit en état de partir; en effet elle n'éprouva plus le moindre accident et sa santé se rétablit de jour en jour.... Quoique vous ayez trahi mon secret, ajoutoit-elle à mistriss, je ne puis ma chère Belton, que vous en marquer ma reconnoissance, le bonheur de mon amie et celui du comte étant la seule consolation que je pouvois recevoir, mais qui ne changera rien à mes résolutions. Quand les premiers transports de joie en revoyant sa sœur, furent calmés, il dit à ses amies qu'il avoit à leur communiquer un mémoire qui lui avoit été remis au moment où il montoit en voiture pour venir au prieuré. Athanaïse reconnut l'écriture de d'Ac et frémit.

Ne craignez rien de la part de ce monstre, dit le comte, il n'existe plus et c'est pour réparer autant qu'il est en lui ses forfaits, qu'il m'en a fait l'aveu. Il lut à ces dames ce qui suit :

CONFESSION

DU CHEVALIER D'AC.

« Il est donc un terme où tout finit, où s'abîment les projets les mieux concertés, où l'on ne jouit pas même du fruit de ses intrigues, où elles se présentent à nous dans toute leur horreur, pour troubler les derniers momens qui nous restent, et voilà où je suis réduit.

Étonné, furieux du départ de madame de Walmore, je restai quelque temps abîmé, sans savoir quel parti je prendrois. J'avois espéré en la frustrant de toute considération, de la forcer à n'avoir que moi pour ami, et que sa fortune répareroit la mienne; ce départ m'ôtant toute espérance, je crus trouver une ressource assurée dans le jeu, en forçant le sort à être toujours de mon côté. Mais un homme, qui peut-être étoit aussi instruit que moi dans notre art, s'aperçut d'un coup qui m'assuroit un gain énorme; il arrêta ma main prête à substituer une carte, et me dévoila. Je voulus me défendre, et voyant que je ne le pouvois pas, je me levai avec précipitation, et, descendant un escalier mal éclairé, je manquai la première marche, et j'allai rouler au bas des degrés. On vint à mon secours; mais, soins inutiles, mes blessures sont mortelles. Je me hâte de profiter du peu d'instans qui me restent, pour vous apprendre, monsieur, des secrets importans, et, quelque méprisable qu'ils puissent me rendre à vos yeux, les cris de l'innocence que j'ai opprimée, par mes odieuses intrigues, sont plus forts dans mon cœur que le sentiment de la honte.

Je suis né à Toulouse, d'un capitoul, mon père me fit entrer cadet dans un régiment d'infanterie, et je parvins au grade de lieutenant ; je plaisois à mes camarades par mes talens et ma complaisance, je leur étois en quelque sorte devenu nécessaire. Après la dernière guerre, où j'avois gagné plus d'argent que de gloire, je suivis le régiment à Maubeuge, où celui de...... dragons étoit déjà. Les chanoinesses donnoient des concerts, j'y vis madame Amélie d'Ormont, votre sœur, je cherchai, mais inutilement, à lui plaire, elle étoit tendrement aimée du comte de

Célicour. Soit envie, soit penchant à nuire, qu'il semble que la nature m'ait donné, je cherchai à troubler leur amour. Célicour, jaloux, donna aisément dans le piége; je lui parlai plusieurs fois de madame Amélie avec chaleur, il souffroit impatiemment ces conversations, et plus elles lui déplaisoient, plus je les reprenois avec acharnement. Enfin il ne put se contraindre, et me dit qu'il ne concevoit pas que je prisse tant d'intérêt à cette dame, et qu'il ne me voyoit jamais chez elle. Je répondis mystérieusement, que les amans discrets attendoient la fin du jour pour se réunir. Ce mot suffit pour l'enflammer de colère, et je l'eusse payée de ma vie, s'il n'avoit voulu se convaincre de ce que je lui disois.

Rebuté par madame Amélie, j'avois trouvé plus de douceur dans sa femme de chambre, nommée Dupré, et en effet, j'étois admis chez cette fille, dès que sa maîtresse étoit retirée. Elle me descendoit une échelle de corde ; j'arrivois par la fenêtre du cabinet de madame Amélie, pour passer dans la chambre de la Dupré. Je ne songeois guère à ce que j'avois dit au comte de Célicour, mais lui, dès le soir même, se rendit sous les fenêtres de sa maîtresse, où il me vit monter, et entrer. »

Ah ! grand Dieu, s'écria madame Amélie, en interrompant le comte, voilà l'explication de la conduite de mon époux envers moi, ah ! si le ciel eut conservé ses jours, avec quelle joie il retrouveroit celle qui n'a vécu que pour lui : cet aveu nous justifie l'un et l'autre, mais il est trop tardif, mon cher Célicour n'est plus, et elle ne put retenir ses larmes. Son frère et Athanaïse, employèrent tous les soins de l'amitié pour adoucir l'amertume que ces tristes souvenirs répandoient sur la joie qu'elle avoit de retrouver un frère, qui lui étoit si cher; mais elle disoit, j'étois épouse et mère, et ce monstre m'a privée de tout; encore je n'aurois pas perdu ma fille, si cette Dupré ne me l'avoit pas enlevée; mais, que dis-je, c'est peut-être elle..... Ah! grand Dieu! écartez de moi cette affreuse pensée, ô ma fille! ô mon époux! voyez du séjour céleste la malheureuse Amélie, que rien ne peut consoler de votre perte; j'allois vous rejoindre, mais l'amitié a retenu mon âme fugitive : ah! que du moins, ma chère Athanaïse, votre félicité me console de mes malheurs; faites celle du fils de mon époux, rappelez-vous ce que je vous ai écrit, rappelez-vous l'intérêt que Célicour encore enfant m'a inspiré, jugez combien il sera augmenté, à présent qu'il joint aux vertus de son père tous les agrémens de la jeunesse. Mon frère dit qu'il est inconsolable, ah! permettez que je lui rende l'objet de son amour. Mon frère écrira au ministre, on levera la lettre de cachet, il viendra nous joindre au château d'Ormont. Je vous marierai, je vous adopterai pour mes enfans, vous me consolerez de la perte de tout ce que j'aimois. Athanaïse la combloit des plus douces caresses, et comme elle ne vouloit pas répondre, elle engagea M. d'Ormont à continuer l'histoire de d'Ac, ce qu'il fit ainsi :

« Le lendemain, à la parade, Célicour vint à moi, et cherchant un sujet de querelle, il me tint les propos les plus offensans ; comme j'espérois qu'ils n'avoient pas été entendus, je ne lui répondis pas, mais malheureusement un de mes camarades les rapporta en dînant, et l'on voulut me forcer à me battre. J'ai toujours aimé la vie, et respecté la loi du Prince, je donnai ma démision, et partis. J'appris peu de jours après que le comte de Célicour avoit obtenu un congé, et qu'il s'étoit éloigné de Maubeuge, vous m'avez appris que madame Amélie étoit disparue. Vingt fois je voulus vous dire ce que je savois d'elle, ce qui auroit pu vous donner des lumières, mais j'étois destiné à ne rien faire de bien : je me suis donc tu, et ce n'est qu'au moment de rendre compte à l'être des êtres, que je vous fais connoître l'auteur de la perte de cette intéressante personne. Heureux si je n'avois immolé que cette victime ; mais je devois troubler l'ordre, et toujours par une nécessité impérieuse.

J'allai à Spa, en quittant Maubeuge, mon humeur intrigante m'y suivit, et je fus contraint d'en partir. Je passai dans

dans les Indes, avec ce que j'avois gagné au jeu ; je fis le commerce assez heureusement, et comme je revenois en France, ayant le projet de devenir honnête homme, je fis naufrage sur les côtes d'Angleterre. Ma fortune, et mes bonnes résolutions, périrent en même temps, ne conservant d'autres ressources que le génie sublime de l'intrigue, et les talens que la nature m'avoit donnés, et que mes soins avoient cultivés. Le lord Walmore se trouva du nombre de ceux qui vinrent donner du secours aux naufragés. Il me distingua. Je lui racontai mon histoire, en taisant quelques anecdotes, qui auroient pu diminuer la bonne opinion que mon extérieur lui avoit donnée de moi. Je lui dis que j'avois tout perdu dans le naufrage, il me fit diverses questions sur mes talens, celui qui lui parut le plus agréable, étoit de manier le cheval le plus difficile. Sa terre étoit peu distante de la côte, il me proposa de l'y suivre. Après m'avoir fait donner des habits, il me fit voir ses écuries ; il avoit entre autres un cheval de race, que personne n'avoit pu réduire ; je m'élançai dessus, et lui fis faire, au grand étonnement des spectateurs, tout ce qu'on auroit demandé au cheval le mieux dressé. Milord fut enchanté, et me fit son écuyer, en joignant à cette place tous les agrémens qui pouvoient me flatter. Je m'insinuai dans ses bonnes grâces ; nous restâmes trois mois en Angleterre, je vis Londres, m'appliquai à la langue, et je réussis. Le lord avoit dessein de faire des voyages dans les cours du Nord. Nous nous embarquâmes, nous arrivâmes à Copenhague, de là à Stockolm, et enfin à Pétersbourg. Le lord reçut partout un accueil favorable, et son écuyer étoit traité avec distinction. Les ministres de France, auprès de ces cours, me faisoient des confidences, je devins homme de confiance. M. de Walmore, livré à ses observations philosophiques, dont la loyauté ne lui faisoit pas même soupçonner la ruse, ne s'apercevoit pas qu'il avoit chez lui plutôt un espion qu'un écuyer. Après avoir traversé l'Allemagne, nous arrivâmes à Paris. Il y avoit quelques mois que nous y étions, quand un soir je vis rentrer milord préoccupé, et dans une agitation qui ne lui étoit pas ordinaire, il se promenoit à grands pas, s'asseyoit, prenoit un livre, le refermoit, puis disoit : — A mon âge, quelle folie ! Un instant après il écrivoit..... puis il déchiroit ce qu'il avoit écrit. — A qui l'adresserai-je..... je l'ai vue entrer dans une maison..... mais qui me dit que c'étoit la sienne..... J'ai demandé son nom, on n'a pu me le dire..... non, il n'y faut plus penser..... c'est une extravagance..... à soixante ans, ce ne seroit pas pardonnable. — Pourrois-je enfin savoir, lui dis-je, ce qui occupe si fortement milord ? — O mon ami, la rencontre la plus étonnante, un enfant, oui, c'est un enfant, à sa taille, à sa naïve modestie, elle n'a pas plus de douze ans, peut-être moins ; mais c'est ce qu'il y a de plus beau dans la nature. J'ai aimé bien des femmes, aucune, aucune ne réunissoit autant d'agrémens et autant de régularité, elle auroit pu servir de modèle à nos plus belles statues grecques. — Eh bien ! milord ? — Eh bien ! mon ami, j'en suis devenu fou. Puis il me raconta tout ce que vous avez vu dans les mémoires de madame de Walmore. Je sentis que je pouvois tirer parti de cette passion naissante, et devenir utile à mon bienfaiteur; d'ailleurs, ma curiosité étoit piquée par le portrait qu'il me fit de cette charmante personne, je lui promis de découvrir qui elle étoit. Je ne vous fatiguerai pas des détails de cette odieuse intrigue, mad^{me} de Walmore l'a peinte à M. de Célicour avec les traits de la plus exacte vérité, et je sais que vous en êtes instruit. Je me contenterai donc d'affirmer devant Dieu et devant les hommes, qu'elle étoit véritablement mariée au lord Walmore; (ce fut le père Lebrun, jésuite, qui leur donna la bénédiction nuptiale), que je fus un des témoins, que les autres se nomment George Haller, James Keibly, et Rom Wolf, tous trois valets du lord, et qui ont suivi leur maître en Amérique. Mais ce que madame de Walmore n'a pas écrit, car elle a toujours dédaigné s'en apercevoir, c'est que j'en étois devenu éperdument amoureux, et qu'au moment qu'elle exigea de son époux, pour prix de son sacrifice, que je ne les suivrois pas en Italie, j'en éprouvai une si vive douleur, que je pensai en mourir. Cependant le lord m'écrivoit encore quelquefois, et ce fut à son arrivée à Rome, que je reçus cette lettre dont j'ai fait un si terrible usage. Mais n'anticipons pas sur les faits.

» L'absence, le souvenir des mépris que madame de Walmore m'avoit témoignés, parurent éteindre ma passion pour elle; mais elle se ralluma avec plus de force, quand je la trouvai chez madame de Grandprez, à qui j'avois fait accroire que j'étois le plus honnête des hommes. Sa nièce, madame de Clercé, m'honoroit d'une affection encore plus particulière, et peu à peu j'étois devenu l'âme de cette société, vous savez aussi ce que je fis pour en imposer assez à la vertueuse lady, afin qu'elle ne m e dévoilât pas aux yeux de ces dames. Cependant milord mourut, et j'osai former les plus hautes espérances ; mon audace fut punie, mais moins qu'elle n'eût dû l'être, et la crainte que je publiasse la lettre que je lui avois fait lire, en lui cachant l'époque où je l'avois reçue, obligea madame de Walmore à me traiter avec plus de ménagemens que je ne méritois. Elle consentit, comme vous le savez, à laisser croire que le lord m'avoit nommé son exécuteur testamentaire ; ce qui m'autorisoit à venir chez elle. Je ne fus pas long-temps à m'apercevoir qu'elle aimoit, et je sus bientôt que c'étoit M. de Célicour ; alors ayant perdu tout espoir de m'assurer sa fortune en l'épousant, je voulus du moins en partager la jouissance en me rendant l'ami de celui que son cœur chérissoit. Je n'eus pas de peine à gagner la confiance du marquis, ce fut par mes conseils qu'il se conduisit; mais comme je n'étois point assuré que madame de Walmore ne l'instruiroit pas des justes plaintes qu'elle avoit à former contre moi, et qu'alors j'étois certain d'être chassé de chez elle ; je cherchai à m'assurer un sort indépendant. J'eus l'occasion de me procurer une somme considérable, en soustrayant le titre qui fit perdre à M. de Célicour son procès. Vous le trouverez joint à ce mémoire, ce qui le mettra à même de rentrer dans sa terre d'Ablivillé. De retour à Paris, je le fis joüer, et ce fut moi qui gagnai les mille louis, que je fis rembourser par milady. Avec ces deux sommes réunies, je pouvois attendre sans inquiétude les événemens. J'avoue que je ne croyois pas que madame de Walmore auroit la courageuse résolution de confier son secret tout entier à M. de Célicour. Je fus frappé comme de la foudre, de l'ordre formel qu'elle me donna de quitter Paris, tant qu'elle y seroit, avec menace de me dénoncer au ministre, si j'y résistois.

» Je ne fus pas le maître de ma colère, et courus chez madame de Clercé, lui découvrir le secret de la naissance de madame de Walmore. Je la trouvai disposée à servir ma vengeance, et vous n'en avez que trop appris les effets. Que ne puis-je les réparer ; mais il n'appartient pas à l'être vicieux de servir la vertu. Puissiez-vous, M. le comte, retrouver votre sœur, et lui offrir mes aveux et mon repentir. Puisse le dieu des vengeances ne pas me demander un compte redoutable ! Dans la force de mes jours, j'ai cru que tous finissoit avec nous, j'ai voulu jouir du présent; je vois dans cet instant un avenir terrible. »

Lettre de mistriss Belton à Athanaïse.

Londres, le 3 novembre 1743.

« J'ai reçu, ma chère Athanaïse, vos deux lettres à la fois, je ne saurois vous exprimer combien de sensations différentes elles m'ont fait éprouver. J'ai tressailli en voyant arriver ce pauvre comte au moment où sa sœur étoit mourante; enfin il a le bonheur de retrouver à la fois une amie et une sœur, dont les malheurs sont tracés d'une manière bien touchante dans le récit qu'elle en fait. Eh bien! j'aurois gagné les cent guinées, si vous aviez tenu le pari; c'est encore l'amour qui l'a rendue malheureuse..... Ah! si ma chère Athanaïse pouvoit enfin ne connoître que le paisible sentiment de l'amitié; elle pourroit retrouver le bonheur: je l'espère quelquefois, en connoissant la délicatesse de son âme et la force de sa raison. Alors, mon amie, pourquoi vous enfermer dans un cloître, pourquoi ne pas suivre cette amie, qui vous tiendra lieu de mère? leurs terres sont éloignées de Célicour, vous y vivriez d'une manière douce. Ma bonne et chère amie, craignez de donner plus à l'orgueil qu'à la sensibilité et à l'honneur, en vous immolant dans l'âge des plus douces jouissances; on ne veut pas paroître se consoler, et cela fait faire bien des folies. Je sais que je vous parois bizarre, insensible, en vous tenant ce langage; mais consultez madame de Saint-Antoine, il y a long-temps qu'elle m'a dit les mêmes choses, en me parlant de vous. Ma bonne amie, livrez-vous au doux plaisir d'être adorée de vos amis, et de faire le bonheur de tout ce qui vous environne, cela vaut bien mieux que d'aller à matines, en ne pensant pas à ce que vous chanteriez. Enfin, je vous répète, mon amie, rapportez-vous en à madame de Saint-Antoine, qui croit, entre nous, que vous feriez une très-mauvaise religieuse, et une excellente maîtresse de maison. Ne formez jamais d'autres liens, je vous approuve, ne renouez pas même ceux qui vous ont coûté tant de larmes, je vous approuve encore ; mais ne vous enterrez pas toute vive, et je dis plus, par délicatesse pour Célicour, vous ne devez pas empoisonner ses jours ; s'il vous reste pour lui un intérêt tendre, vous lui devez d'être heureuse, afin que lui-même puisse retrouver le bonheur. Belton qui prend la chose à l'anglaise, n'est pas de mon avis, cela nous fait des querelles qui ne finissent pas ; pour la première fois depuis que nous sommes réunis, j'ai soutenu que j'avois plus de raison que lui, son orgueil en est choqué; mais il ne sait pourtant que me répondre, il se perd dans le sublime de la morale et du sentiment, mais sans me persuader. Ainsi en arrive-t-il de même dans toutes les disputes.

» Vous trouverez peut-être cette lettre un peu légère ; mais j'avoue que je suis si contente de vous avoir envoyé le comte d'Ormont, que je ne puis aujourd'hui me prêter à votre mélancolie. Elle doit être bien adoucie par le bonheur du comte et de sa charmante sœur. »

Lettre d'Athanaïse à mistriss Belton.

Du Prieuré de St.-Éloi, le 17 novembre 1743.

« Non, mon amie, je ne me mets pas en colère contre vous, je ne dispute pas pour vous faire sentir tout ce que mon âme éprouve, et je ne puis être entendue que de moi seule. Abandonnée au plus tendre sentiment, tout ce que vous me proposez comme adoucissement à ma douleur, l'aggraveroit, la solitude est le bien que je désire, ou d'être unie à celui qui fait seul ma destinée, ce qui ne sera jamais.

Mon opinion n'a pas changé un instant, et le sentiment que j'éprouvai au moment où madame de Clerville m'annonça que Célicour avoit des engagemens avec sa fille, est le même. Je me dis alors, il a pu changer pour moi, il changeroit encore..... Cette idée détruisit tout le prestige de l'amour ; elle me suivroit dans ses bras, elle empoisonneroit les plus douces jouissances : ainsi, rien ne peut plus me rendre heureuse ; mais pour éviter d'affliger Amélie, je paroîtrai consentir à partir avec elle, je fais tous les préparatifs de mon départ ; mais au moment de monter en voiture, je feindrai avoir oublié quelque chose dans mon appartement, et une fois rentrée, nulle puissance humaine ne m'en fera sortir. Voilà mon plan, qui ne changera pas. J'estime encore plus sir Belton de voir comme moi ; mais croyez, mon amie, que je ne vous en aime pas moins de penser différemment ; puisqu'il est bien sûr que vous ne voulez que mon bonheur. »

Le jour du départ étant fixé, Athanaïse eut la force de descendre avec madame de Célicour, et comme elle recevoit les adieux et les bénédictions de toute la communauté, que M. d'Ormont avoit comblé de nouveaux bienfaits....; on vit venir à toute bride un homme. Il arrive dans la cour, il descend de cheval, demande à parler à madame la prieure. — N'avez-vous pas chez-vous, madame, dit-il, madame Amélie d'Ormont ? — La voilà, répondit la prieure, elle va partir avec monsieur son frère. — J'ai pour elle une lettre très-importante. — Donnez, dit Amélie, elle prit la lettre, et proposa à son frère et à Athanaïse de remonter dans son appartement, car elle avoit jeté un coup d'œil sur la signature, et voyant le nom de Dupré, un secret pressentiment lui fit penser que cette lettre étoit de la femme-de-chambre qu'elle avoit à Maubeuge, celle qui lui avoit enlevé son enfant, et dont la liaison avec le chevalier d'Ac, avoit été la cause de la jalousie du comte de Célicour.... Que nous veut cette malheureuse, dit Amélie à son frère, en s'asseyant ?.... Lisez, je vous prie, je n'ai aucun secret, ni pour vous, ni pour ma chère Athanaïse.

Lettre de Marguerite Dupré, femme Clément, ancienne femme-de-chambre de madame Amélie d'Ormont, à sa maîtresse.

A Tournai, le 25 octobre 1743.

MADAME LA COMTESSE,

« Quand vous recevrez cette lettre, je n'aurai plus de reproches à craindre, plus de pardon à espérer ; mais je vous dois, avant de quitter cette vie, de vous faire connoître la vérité entière.

» Je viens d'apprendre que le chevalier d'Ac a instruit M. le comte d'Ormont, que c'est moi qui fus cause de tous vos malheurs. Ces tristes lumières sont venues à la connoissance de mon mari. Plus de repos, plus de bonheur à espérer, son mépris est au comble; mais je n'en redoute déjà plus les effets, un poison mortel coule dans mes veines.... et il sera bientôt délivré du malheur d'être uni à un monstre tel que moi.

Confidente des soupçons jaloux de votre époux, que je pouvois détruire d'un seul mot, je suis devenue l'instrument de ses vengeances. Lorsque je vins à Paris avec vous, il m'avoit ordonné de vous enlever votre enfant, je fus plus de six semaines à m'y déterminer. Enfin j'eus la cruauté d'exécuter ses ordres, et prenant dans mes bras cette victime dont j'étouffai les cris, je la déposai sur les degrés de l'asile ouvert pour les enfans que la barbarie de leurs parens rejette de leur sein. Cependant l'attachement que j'avois pris pour elle, la beauté de l'enfant, m'inspirèrent l'idée de vous conserver un moyen de la retrouver un jour. Je fis imprimer les deux lettres initiales de votre nom et de celui de M. le comte sur le bras droit de cette innocente créature et je joignis un billet, où étoit le même chiffre qui portoit que cette petite fille avoit reçu le nom d'Athanaïse.

Puissiez-vous retrouver ce gage de vos chastes amours, et oublier dans ses bras tous les maux que je vous ai causés. J'atteste le ciel dans ce moment terrible où je n'ai rien à dissimuler, que mon mari n'y a point trempé. C'est lui qui vous remettra cette lettre, je le recommande à vos bontés dont j'ai ressenti long-tems les effets, et que j'ai payées de la plus noire ingratitude. Puisse mon châtiment retenir celles qui comme moi, passent de la mauvaise conduite à des crimes impardonnables ! Déjà je ne vois plus qu'un avenir plus affreux, que celui que j'ai redouté.... Des cruelles douleurs me déchirent... et la mort... »

La comtesse de Célicour, au nom d'Athanaïse, avoit interrompu son frère. Elle s'émut. — Oh ! oui, mon cœur ne m'a pas trompé, ma chère fille, vous avez sans doute cette marque.... mais quand le tems l'auroit effacée, vous êtes la vive image du cruel, mais trop cher époux dont la mort a été le seul mal que je n'ai pu soutenir. J'en fus frappée dès le premier moment où je vous ai vue, mais je n'avois pas osé me livrer à ce que je regardois que comme une illusion. « Je restois immobile, et mon cœur sembloit errer sur mes lèvres, écrivoit Athanaïse à mistriss Belton. — Ma mère, la voilà, m'écriai-je, cette marque précieuse à laquelle je ne me doutois pas que mon existence fût attachée. » Le comte passa ses bras autour de nous, et nous serrant toutes deux contre son cœur. Ah! mes amies, quels momens!... que de bonheur réuni..... que nos âmes à jamais s'enivrent des plus doux sentimens de la nature. Célicour, Célicour! et toi aussi, tu es mon frère. Ils passèrent dans l'appartement de madame de Saint-Antoine, pour l'instruire de leur félicité, elle la partagea comme elle avoit partagé leurs douleurs. M. d'Ormont vouloit partir sur-le-champ, mais Athanaïse supplia sa mère de lui accorder deux jours pour s'accoutumer, disoit-elle, à son bonheur; et dans le vrai, pour se remettre de l'impression que ce changement d'état lui avoit fait éprouver. Ce fut dans le sein de madame de Saint-Antoine qu'elle osa répandre des larmes. Tandis qu'on la croyoit heureuse ; Athanaïse aimoit Célicour de l'amour le plus vif, et Célicour est son frère......

« Je vais donc le revoir, mon frère, mon ami, écrivoit Athanaïse au moment de partir, à mistriss Belton ; je voulois que mon oncle lui écrivît sur-le-champ ; mais il ne le veut pas, il croit qu'il vaut bien mieux que ce ne soit qu'en me voyant qu'il apprenne qu'Athanaïse est sa sœur. Je me laisse absolument conduire par ce bon et digne parent. Ma mère et mon oncle veulent vous écrire. Tout retentit ici des louanges qu'on adresse à l'être des êtres qui a pris tant de soins de nous dans nos peines, et qui nous en dédommage par les plus grands bienfaits. O mon amie, comme vous allez être heureuse de mon bonheur : puisse le vôtre et celui de Belton être inaltérable!

Ma mère pour consoler le pauvre Clément, d'avoir eu une si méchante femme, l'a pris à son service.

La famille d'Ormont se rendit à Paris où Julie attendoit sa maîtresse avec une joie qui ne pouvoit être comparée qu'à son attachement pour elle. Athanaïse ne revit pas sans la plus grande émotion tous les lieux où elle avoit reçu de Célicour des preuves de sa tendresse, elle mena sa mère dans le pavillon. C'est là, disoit-elle, c'est sous cette fenêtre qu'il passoit les jours et la plus grande partie de la nuit pour m'appercevoir un instant. Madame Amélie écoutoit sa fille avec le plus tendre intérêt, elle sentoit qu'un cœur où l'amour régnoit, ne pouvoit tout à coup éprouver le calme de l'amitié.

L'arrivée du comte et de sa sœur fut un coup de foudre pour madame de Grandprez, sa conduite avec Athanaïse, étoit impardonnable, quand elle n'eût été qu'une étrangère sans état et sans nom : mais c'est sa parente, mais il n'y avoit plus de doute qu'elle est véritablement madame de Walmore.... Comment réparera-t-elle les outrages dont elle l'a accablée, les maux qu'elle lui a fait souffrir. Elle court chez la Clercé qui gisoit encore sur son lit de douleur et qui y restoit enfermée dans ses rideaux, fuyant l'éclat du jour qui éclairoit sa difformité. Réduite à réfléchir tristement sur la fragilité des choses humaines, elle avoit vu fuir avec sa beauté, le cercle brillant qui l'entouroit, il ne lui restoit plus que sa tante. Le bonheur d'Athanaïse aigrit encore

encore la Clercé , et n'ayant plus de moyens de lui nuire, elle espéra de sa générosité un pardon qui pouvoit en la faisant admettre dans la société, lui procurer quelques agrémens. Elle conseilla donc à sa tante de faire les premières avances , et, pour être moins mal reçue, de se faire accompagner par son mari et par sa fille que l'excès de la misère avoit forcée de revenir chez sa mère, où elle étoit plus infortunée que jamais. Mais tandis que la dévote et sa nièce tenoient conseil, M. de Grandprez et madame de Bierreville étoient déjà à l'hôtel de Walmore où ils furent comblés de caresses par la mère et la fille: leurs félicitations étoient si sincères, qu'elles pénétrèrent de reconnoissance leur parente. Le commandeur s'y étoit rendu ; la présidente qui avoit été très-affligée du départ de sa aimable voisine, lui témoignoit aussi sa satisfaction, et faisoit mille acceuils à madame Amélie dont l'âge se rapprochoit du sien. Amélie et sa fille étoient entourées, caressées, fêtées; et le comte d'Ormont jouissoit délicieusement d'une réunion si chère et si peu étendue. Cependant madame de Grandprez ayant su que son mari et sa fille l'avoient devancée chez ces dames, prit son parti de venir seule. On l'annonce; Athanaïse ne fut pas maîtresse d'un mouvement d'indignation auquel elle s'efforça de commander. La dévote s'avance, veut se précipiter dans les bras de sa cousine; madame Amélie la reçoit avec une politesse froide qui la déconcerte. Elle veut parler à Athanaïse, lui peindre sa joie de la revoir, et ses regrets.— Mon bonheur est si grand que je ne me souviens plus, madame, des maux que j'ai soufferts, ni à peine de ceux qui en ont été cause; puis elle reprit la conversation comme si madame de Grandprez ne fût pas entrée. A peine lui offrit-on de s'asseoir; elle voulut parler au commandeur qui lui tourna le dos. Enfin après quelques momens d'une gêne extrême pour elle et pour tout ceux qui étoient là, elle demanda à son mari et à sa fille, s'ils vouloient venir. — Je compte sur eux à souper, dit Amélie, ils me l'ont promis..... Et pas le moindre mot à madame de Grandprez qui sentant enfin combien sa présence importunoit, se leva avec un courroux qu'elle ne pouvoit cacher, mais dont on ne redoutoit plus les effets; et elle sortit sans que l'on daignât à peine la reconduire.

M. d'Ormont avoit écrit à madame de Clerville, en la priant de faire son possible pour que Célicour n'eût aucune notion des événemens qui devoient assurer son bonheur, et la prévenir qu'ils seroient tous à Célicour dans huit jours au plus tard. Il ajoutoit que sa sœur se faisoit un grand plaisir de faire connoissance avec elle et son aimable fille.

Deux objets intéressoient vivement Athanaïse à Paris ; M. Dubois qu'elle n'avoit pas osé revoir tant que son état n'avoit pas été reconnu, et la maison où elle avoit passé ses premières années : elle satisfit à ces doux besoins de son âme, elle se fit reconnoître de la bonne sœur qui l'avoit élevée jusqu'au jour où madame Dubois s'en étoit chargée. Elle combla d'amitiés la sœur Guyot ; et fit un riche présent à la maison. Pour le bon Dubois, elle le trouva accablé d'années et d'infirmités : une banqueroute l'avoit ruiné, et il ne se consoloit pas d'ignorer ce qu'étoit devenue sa chère Athanaïse ; il fut au comble de la joië en la trouvant si belle, si bonne, et dans une situation si brillante. Madame de Walmore lui offrit de quitter Paris, et de venir s'établir dans une terre qu'elle avoit près de Senlis, il accepta avec la plus vive reconnoissance : il fut décidé qu'il partiroit avec ces dames pour Surville, où elle se faisoit un plaisir de surprendre madame Dupuis.

Amélie ne voulut point quitter Paris, sans savoir si monsieur et madame Duhamel existoient encore ; elle eut la satisfaction d'apprendre qu'ils vivoient l'un et l'autre. Elle fit demander au docteur un rendez-vous, sous le nom de Lesseville. Il répondit que si elle avoit mis son adresse, il se seroit rendu chez elle avec un vif empressement, rien ne pouvant lui faire plus de plaisir que de la retrouver après une si longue absence. Athanaïse voulut accompagner sa mère chez ses dignes amis. Rien ne fut plus touchant que cette réunion, et lorsqu'elle lui eut dit, en lui montrant Athanaïse, qu'elle étoit cet enfant dont elle avoit tant pleuré la perte, il les félicita l'une et l'autre des liens qui les unissoient. Ces dames les emmenèrent dans l'ancien hôtel d'Athanaïse, où M. d'Ormont les attendoit. Monsieur et madame Duhamel voulurent savoir dans le plus grand détail, tous les événemens de cette étonnante histoire. Athanaïse les satisfit avec toutes les grâces qu'elle savoit mettre dans ses récits. Ils étoient enchantés de la mère et de la fille, et j'avoue que moi, qui ai eu le bonheur de les connoître tous deux, je ne puis dire quelle étoit celle des deux que j'aimois le mieux ; et que je trouvois la plus aimable. La santé de madame Amélie se rétablissoit, et elle étoit encore belle. Athanaïse, avec les traits aussi réguliers, avoit de plus, l'éclat de la jeunesse. M. Duhamel ne se lassoit pas de l'admirer. On parla aussi du bon jardinier, et de sa femme, qui toutes les fois qu'ils rencontroient le docteur, lui demandoient des nouvelles de mad^{me} de Lesseville. Amélie le pria de lui faire dire de venir le lendemain matin chez elle. Ce bon vieillard se rendit à ses ordres avec exactitude. Madame Amélie le combla, ainsi que sa femme, de présens et d'amitiés. Enfin, après avoir rempli tous les devoirs de la reconnoissance, et pris avec M. Bronod tous les arrangemens nécessaires, on partit pour Surville.

Le bon Dubois ne pouvoit s'empêcher d'appeler madame de Walmore, sa fille, puis il en demandoit pardon à madame Amélie, et toutes deux le combloient de caresses. Il étoit dans la voiture avec ces deux dames, et madame de Berville, qui étoit du voyage, ainsi que la présidente, son fils, le petit de Berville, et le commandeur.

Une scène intéressante les attendoit à Surville. Leur secret avoit été trahi, et le matin, madame Dupuis avoit appris que sa bienfaitrice étoit à Paris. Elle seroit partie sur-le-champ pour l'aller joindre, si elle n'avoit pas su en même temps qu'elle étoit en route pour se rendre chez elle. Alors elle réunit tous les habitans de Surville, et ayant fait habiller de blanc toutes les jeunes filles, elle les fit partir avec les siennes, pour aller au devant de madame de Walmore à plus d'une lieue. Les paysans se procurèrent des fusils, M. Dufour étoit à leur tête. Dès qu'ils aperçurent la voiture, ils firent une décharge. Alors les dames virent bien qu'elles étoient attendues. Dufour les complimenta, et sans basses flatteries, il sut rendre justice aux vertus de la mère et de la fille. M. d'Ormont étoit dans un ravissement continuel, les hommages que l'on rendoit à sa sœur et à sa nièce, le combloient d'ivresse.

Athanaïse apercevant mesdemoiselles Kertius, descendit de voiture, et les embrassa bien tendrement; les jeunes filles l'enchaînèrent de guirlandes, et l'aînée des jeunes personnes la couronna de fleurs; madame Amélie reçut aussi une couronne. Les voitures allèrent au pas, et entrèrent dans l'avenue, qui étoit illuminée. Madame Dupuis et son fils s'y trouvèrent, et tout ce que la reconnoissance et le plus vif intérêt peuvent inspirer, ils le dirent à leur amie. Madame Amélie, malgré la foiblesse qui lui restoit encore, se joignit à la troupe joyeuse ; mais voyant qu'elle marchoit avec difficulté, les jeunes paysannes formèrent avec leurs bras une espèce de palanquin, et la portèrent en triomphe dans la grande cour, où tous les vieillards reçurent mesdames de Célicour avec les transports de la joie la plus pure. Un repas délicieux étoit prêt ; pendant lequel une musique champêtre exécuta les airs les plus agréables. On fit distribuer du pain et des viandes à tout ce qui étoit venu à la fête, qui se termina par un bal qu'Athanaïse et M. d'Ormont ouvrirent.

Il fut peut-être heureux pour Athanaïse d'être distraite par la joie de tout ce qui la revoyoit, des impressions qu'elle auroit ressenties dans cette retraite, doux asile d'un amour malheureux, et auquel elle ne pouvoit plus se livrer sans crime. Mais à son réveil dans cette même chambre où celui qu'elle sait à présent être son frère, lui déclara l'ardeur de sa passion pour elle, où elle lui permit d'espérer un tendre retour : quelle émotion elle éprouva, jetant les yeux autour d'elle! Elle ne fut pas maîtresse de regretter jusqu'aux maux de l'amour, son cœur oppressé, rejetoit en vain les plus doux souvenirs. Elle avoit beau se dire, je vais le revoir, elle ne pouvoit se dissimuler qu'il n'y avoit plus d'espoir; et soit qu'elle ne trouvât en lui qu'un frère, ou que les sentimens de la nature ne détruisissent pas l'ardeur des désirs qu'elle lui avoit inspirés, elle sentit qu'elle ne pouvoit être heureuse. Cependant, accoutumée à commander aux mouvemens de son âme, elle se garda bien de se livrer à ses pensées, et sonna Julie. Madame Dupuis qui attendoit son réveil, entra en même temps; elle vit le trouble qui agitoit son amie, mais elle ne crut pas devoir paroître s'en apercevoir. Athanaïse lui serra la main avec ce silence énergique qui exprime plus que les paroles. Puis elle lui parla de sa famille. Madame Dupuis voulut lui remettre l'acte de donation qu'elle avoit faite à ses petites filles, Athanaïse s'y opposa, et lui demanda en grâce de le conserver, ayant, ajouta-t-elle, un projet dont le temps amèneroit peut-être l'exécution. Madame Dupuis insistoit, Athanaïse se fâcha, et contraignit son amie à ne lui en jamais reparler.

Toute la société se réunit au déjeûné; Athanaïse y fut rêveuse, et sembloit chercher celui qui, à la même heure, étoit toujours auprès d'elle; mais on parla avec tant de plaisir des événemens inattendus qui lui rendoient une mère et un frère, que peu à peu ce nuage se dissipa, elle se livra aux doux sentimens de la nature. M. Dufour étoit aussi resté à Surville, elle le mena dans son cabinet, et lui fit faire un acte qui assuroit à M. Dubois l'usufruit de sa terre, dont elle donnoit le fonds à sa cousine, madame de Bierville, lui demandant pour toute grâce de l'habiter avec son bienfaiteur, et de rendre heureuses ses dernières années. Elle appela l'un et l'autre, et les pria de signer sans lire. Le bon Dubois dit : — Je crois que nous le pouvons sans crainte, ma fille Athanaïse ne nous veut sûrement pas de mal. — Non, non, dit M. Dufour. Ils signèrent. — M. de Surville, dit Athanaïse, en embrassant M. Dubois, je vous laisse une seconde fille, dont les soins remplaceront les miens ; tous les ans je viendrai vous voir, regrettant bien que votre âge ne vous permette pas de nous accompagner en Normandie. M. Dubois ouvroit de grands yeux, et comme les années l'avoient rendu un peu sourd, il croyoit avoir mal entendu. — Lisez à présent, dit le notaire, et vous comprendrez..... Aux premiers mots il vit tout ce que sa chère fille faisoit pour lui, il se jeta dans ses bras. La reconnoissance de madame de Bierville ne fut pas moins grande; elle écrivit sur-le-champ à son père, et le pria de terminer à Paris quelques affaires, ne voulant pas quitter d'un instant le bon vieillard qui lui étoit confié. Il vint deux jours après ces heureux événemens, se réunir à sa fille. Par la suite, le fils de madame de Bierville épousa l'aînée des petites-filles de madame Dupuis, et la présidente maria son fils à la cadette. Ces deux familles conservent encore les plus douces relations; l'amitié des pères ayant passé aux enfans.

Ce ne fut pas sans répandre des larmes, qu'on vit partir Athanaïse de ces lieux, où elle laissoit tant d'êtres heureux, le bon Dubois, surtout, ne pouvoit s'arracher de ses bras. Mais son cœur l'appeloit auprès de celui qu'elle adoroit encore. C'est elle seule qui peut rendre ce qu'elle éprouva au moment de cette réunion si redoutée et si désirée. Je transcris la lettre à son amie.

Lettre d'Athanaïse à mistriss Belton.

A Célicour, le 25 janvier 1744.

« Je l'ai revu, ah! qui pourra peindre, mon amie, le trouble de nos âmes! je crains bien que cette lettre ne s'en ressente encore; mais votre indulgente amitié pardonnera des expressions peut-être un peu trop tendres, qui échapperont à ma plume. Comment ne l'aimerois-je pas, il est le plus aimable des hommes, comment ne l'aimerois-je pas avec transport ! Le temps calmera la vivacité de ma tendresse, je m'habituerai à ne voir en lui que l'ami qui me fut donné par la nature ; mais puis-je oublier, au moment où je suis réunie à lui, les doux projets que j'avois formés. Pour essayer de me distraire, je vais tâcher de vous donner le détail exact de notre arrivée ici.

» Madame de Clerville et sa fille, vinrent au-devant de nous à Evreux. Je ne saurois vous dire combien je fus touchée de la manière franche et amicale dont elle nous reçut. Elle me présenta, et à ma mère, Aglaé qui étoit fort jolie, quoique sa figure n'ait pas d'expression ; mais elle est si douce, et a tant de candeur, qu'elle ne peut manquer d'intéresser ceux qui la voient; elle m'a demandé mon amitié, et m'a assurée de la sienne. — Nous ne sommes plus rivales, lui dis-je, et il ne tiendra pas à moi que mon frère ne sente tout son bonheur. Elle rougit, et me serra la main avec la plus grande affection ; je compris bien à qui s'adressoit cette marque de tendresse. Oui sûrement, je ferai tout ce que je pourrai pour que mon frère….. mais ce ne peut être encore…. Je ne puis dire que je le désire, ah ! mon amie, ma chère et tendre amie, à quels combats continuels je suis condamnée… Mais où m'emporte mon imagination ? c'est un récit que je vous promets, et à chaque mot je ne puis m'empêcher de vous parler des plaies de mon cœur. Le temps les cicatrisera : mieux vaudroit mourir, que de vivre ainsi.

» On convint que mon oncle partiroit seul dans sa voiture, et suivroit la grande route pour se rendre à Célicour ; que nous, par le sentier de traverse, nous gagnerions le parc, et que faisant rester nos voitures à moitié chemin, nous attendrions que la nuit fût presque tombée, pour entrer par une petite porte du jardin, que Clermont, qu'on avoit mis dans la confidence, devoit ouvrir. Le temps, malgré la saison, étoit beau, il gèle depuis plusieurs jours, et nous pouvions arriver par ce chemin, sans aucun inconvénient. En approchant de cette maison qui renfermoit tout ce qui m'est cher, j'éprouvai une si violente agitation, que mes genoux se déroboient sous moi ; ma mère n'étoit pas dans une situation plus tranquille, c'étoit là qu'elle avoit vu, pour la dernière fois, un époux adoré ; c'étoit là qu'elle avoit voulu, inutilement, fléchir sa colère ; elle revenoit dans ce sejour sans espoir de l'y revoir jamais, avec les preuves de son innocence, et la certitude qu'il eût été au comble du bonheur, en retrouvant sa compagne et sa fille dignes de toute sa tendresse, et il n'existoit plus ; cette idée déchiroit son cœur. Madame de Clerville, dont l'âme est aussi sensible que vertueuse, partageoit notre situation, et nous laissoit, en silence, retrouver en nous-même le courage dont nous avions besoin pour supporter ce moment cher et douloureux.

Enfin nous arrivons, le bon Clermont eut de la peine à contenir sa joie en me voyant : il nous fit entrer dans un cabinet qui donnait sur la terrasse dont on avoit fermé les volets, afin que Célicour ne pût se douter qu'il y eût personne dans cette pièce où il ne venoit jamais le soir. Clermont avoit eu la précaution d'ôter la clef de la porte qui rendoit dans le salon, il n'y avoit que nous qui pussions l'ouvrir. Célicour n'étoit pas encore de retour de la chasse, quand nous arrivâmes, mais un moment après nous entendîmes du bruit dans la cour. Cette conformité de circonstances rappela à ma mère, d'une manière terrible, la plus cruelle époque de sa vie, et elle pensa s'évanouir. Toute occupée de sa douleur, dans ce moment, je fus détournée un instant de mon propre intérêt; ce qui me fut peut-être fort utile ; car si je ne m'étois pas empressée de la secourir, je doute fort que j'eusse pu résister à ne pas ouvrir la porte pour me précipiter dans les bras de mon frère pour qui cette surprise eût pu être très-dangereuse. Quand ma mère eut reprit ses sens, je m'approchai le plus près de la porte qu'il me fut possible, et j'apperçus entre les panneaux l'intérieur du salon; enfin je vis entrer Célicour suivi du baron d'Orvigny qui sûrement ne me savoit pas là. — Vous voilà donc revenu ? Avez-vous fait bonne chasse ? — Assez bonne. — Le temps étoit superbe. — Oui, très-froid. Je le voyois distinctement, mon cœur suivoit ses moindres mouvemens; il étoit pâle, abattu, et sa physionomie ne m'en parut que plus touchante encore. Il s'assit, fit ôter ses éperons, et garda le silence. — J'ai été à Clerville, reprit le baron, ces dames n'y étoient pas. — Non. — Je n'ai pas même su où elles sont allées. — Moi non plus. — Leur voyage étoit mystérieux; c'étoit peut-être une entrevue pour Aglaé. — Cela est possible. — Mais, savez-vous, mon neveu, que ce seroit très-malheureux. — Pourquoi; si elle rencontre un homme digne d'elle ?— Vous manqueriez le parti le plus avantageux. — Mais je ne veux pas me marier. — Sottise que tout cela, vous êtes le dernier de votre nom. — Et qu'importe. — Ce qu'il importe, laisser vos ayeux sans descendants. — Et qui vous dira que j'aurai un fils et que ce fils en aura un, il faut bien que tout finisse, autant à moi qu'à mon arrière petit fils. — Mais Aglaé est charmante. — J'en conviens, et son âme est au-dessus de ses grâces, mais plus elle mérite d'être heureuse, moins je dois associer son sort à un infortuné qui loin d'Athanaïse, périt d'une mort lente... A ce mot je n'y pouvois plus tenir, je voulois ouvrir la porte, ma mère me retint. — Athanaïse ! vous ne pouvez prononcer d'autre nom. — C'est qu'elle est ma seule, mon unique pensée. — Quelle folie ! — M. le baron, il me semble au moins que vous devriez respecter ma douleur, n'êtes-vous ici que pour y ajouter sans cesse. — Mais aussi, mon cher neveu, convenez que c'est inconcevable. — Je ne conviens d'autre chose..... Le bruit d'une voiture qu'il entendit, ne lui permit pas d'en dire davantage. — Quelqu'un arrive! à cette heure..... par le froid qu'il fait.... Ah! si c'étoit le comte d'Ormont, s'il me la ramenoit .... s'il savoit seulement où elle habite. — A d'autres, dit le baron, il est fou, il n'en reviendra jamais. Célicour, sans l'entendre, sort du salon, entre dans le vestibule au même instant que mon oncle. Se jeter dans ses bras, lui demander : — Où est-elle?... L'avez-vous vue? fut aussi prompt que la pensée. — Je viens partager avec vous mon bonheur.... J'ai retrouvé — Vous avez retrouvé mon Athanaïse? où est-elle, dites, que je vole auprès d'elle. — Mon ami ce n'est pas d'Athanaïse que je veux vous parler ; mais d'Amélie. — Et d'Athanaïse, reprit-il, avec l'accent du désespoir, point de nouvelles ? Tandis que mon frère parloit à mon oncle en entrant dans le salon, le baron en étoit sorti par une autre porte ; il n'aimoit pas le comte d'Ormont, et l'intérêt que ce dernier me témoignoit, étoit un des sujets de sa haine. — Dès que j'ai été assez heureux pour retrouver ma sœur, dit mon oncle, il faut espérer le retour d'Athanaïse.... En attendant, je vous demande de recevoir ma bonne Amélie. Célicour, les yeux attachés sur le parquet, ne répondit rien ; mais tout à coup, se jetant par terre, il dit, d'une voix étouffée, elle est morte ! — Non, mon ami, elle respire, je l'ai vue. — Vous l'avez vue, grands dieux ! dites, dans quel

quel lieu? et j'y vole. — Quoi! vous ne recevrez pas ma sœur? — Pardon, monsieur, dit Célicour, en revenant à lui : oui je recevrai madame votre sœur, avec tous les égards qu'elle mérite; mais où est elle? — Tout près d'ici, elle n'est pas seule, une jeune et belle personne l'accompagne; et elles ne peuvent se présenter l'une et l'autre, sans que vous leur rendiez l'état qu'elles doivent avoir dans le monde; c'est de vous seul que cela dépend : lisez. Il lui montra l'acte de mariage qu'il avoit eu du prince de Liège, constatant l'union légitime de mon père et de la sœur du comte d'Ormont. — Dieux! Quoi! mon père m'a tû ce secret! — Et cette jeune personne? — Elle est le fruit de cet hymen clandestin. — Quoi! elle est ma sœur? Ah! comme je l'aimerai, je croyois que mon cœur ne pouvoit plus éprouver aucun sentiment; mais ceux de la nature ont toujours leurs droits.... Il n'avoit pas fini ces mots, que j'étois dans ses bras. — Athanaïse, ah! ciel! Oui, mon frère, lui dis-je, en le serrant contre mon cœur, oui, je suis ta sœur, ton amie, et voilà ma mère. Il la salua avec le plus profond respect; puis, apercevant madame de Clerville et Aglaé. — Et vous aussi, mesdames? — Oui, dit madame de Clerville, il n'appartenoit qu'à celle qui vous avoit séparés de vous réunir. — Mon frère, lui dis-je, en nous serrant toutes quatre contre son sein, ah! ne soyons plus désormais qu'une même famille.... Le baron rentra, ayant entendu dire que madame de Clerville étoit au château; quoiqu'il n'eût fait que m'entrevoir le jour qu'il vint chez moi chercher Célicour, il me reconnut, et rien ne peut peindre la mine réfrognée qu'il me fit. Nous l'avons laissé quelque temps dans l'incertitude, pour jouir de sa colère. Puis enfin, madame de Clerville prenant la parole, lui dit : voilà mademoiselle Athanaïse rendue à Célicour, ils sont unis par les liens les plus sacrés, et nous prenons tous part à leur bonheur avec une joie infinie. — J'en suis bien aise, je n'ai plus que faire ici.... Puis tournant le dos, il vouloit sortir, lorsque nos éclats de rire l'ont fait retourner. — Je ne vois pas ce qu'il y a de si plaisant. — Plaisant ou non; mais bien heureux, lui dis-je. . . . . Allons, M. le baron, point d'humeur, vous serez bientôt de notre avis. — Pourquoi me forcez vous de parler, madame.... Je vous laisse parfaitement libre... Et dès que cela convient à madame de Clerville, je n'ai garde de m'y opposer. — Cela me convient aussi beaucoup, dit Aglaé, avec cette candeur ingénue, qui a tant de charmes. — Que veut-elle dire? — Le comte d'Ormont, prenant la parole, voilà ma sœur, en montrant ma mère, veuve du comte de Célicour, père de notre ami ; Athanaïse est le fruit de cet hymen secret, et par conséquent sœur de Célicour. — Voilà, dit mon frère, l'explication de ce que vient de dire mademoiselle Aglaé. — Alors le baron dit, je reste.

Ne me demandez pas, mon amie, de quelle manière s'est passé la soirée. Nous ne savions ce que nous disions les uns les autres ; c'étoit un trouble, une joie si vive, que nous ne pouvions ni parler, ni à peine penser : nous ne pouvions que sentir. Mon frère veut que ma mère soit ici chez elle, il lui a fait occuper l'appartement de sa mère, qui ne l'avoit jamais été depuis sa mort. Les revenus de Célicour feront son douaire, il partagera avec moi ceux d'Ableville, dont il n'est pas douteux qu'il rentrera en jouissance, ayant le titre soustrait que l'infâme d'Ac a joint à sa confession. Sa générosité égale son bonheur. Madame de Clerville est restée deux jours avec nous, et ma mère a reçu les félicitations de tous nos voisins. Enfin nous sommes seuls depuis hier, et j'en profite pour vous écrire cette lettre, que mon frère m'a fait interrompre vingt fois; il a toujours mille choses à me dire, et je règne aussi puissamment sur son cœur, que dans les jours que..... Ma mère commence à supporter avec moins de douleur le séjour cette maison, où elle croit retrouver les traces de celui qu'elle aime au delà du trépas; les tendres soins de mon frère, son esprit, ses vertus, lui rappellent mon père, et cette douce illusion la console. Hélas ! nous ne sommes heureux qu'en idée, etc. »

Lettre de mistriss Belton à Athanaïse.

De Londres, le 16 janvier 1744.

« Que votre lettre m'a fait éprouver, mon amie, de sensations différentes, je l'attendois avec grande impatience : enfin cette réunion si appréhendée, si désirée, s'est faite de la manière la plus touchante. Tout ce que vous me dites de madame de Clerville, me la fait infiniment estimer. Aglaé m'intéresse aussi ; mais je conçois malgré ses qualités, que vous eussiez rendu son amant infidèle. Son amour étant sans espoir, doit s'éteindre, ou plutôt s'épurer par la vertu, il ne doit donner que plus de chaleur à la vertu, aux sentimens de la nature, et c'est là ma réponse aux émotions douloureuses que votre âme éprouve. Hélas! il est mille circonstances dans la vie, où il faut en quelque sorte l'engourdir. Sans doute vous étiez faite pour jouir du bonheur le plus constant, mais est-il sur la terre, ma bonne et sincère amie? Si vous compariez votre sort à celui de toutes les femmes, vous trouveriez le vôtre digne d'envie. Les chagrins semblent suivre pour elles les sentimens les plus délicieux. Vous m'avez sans doute entendu parler de lady Carleton: son âme étoit enivrée par l'espoir de rendre heureux son amant; elle y avoit tout sacrifié, elle n'existoit que pour lui; bien des années se passèrent..... Que n'eut-elle pas à souffrir de l'inconstance, de la violence de son caractère, cependant elle osoit croire qu'au moins elle seroit toujours l'objet de sa tendresse. Elle a été privée de ce bien suprême, il l'a abandonnée seule, dans une campagne isolée, où sa mauvaise fortune la forçoit de vivre. Si je pouvois vous peindre tous les maux dont cette âme sensible a été déchirée, vous sentiriez, mon amie, qu'elle se fût trouvée heureuse de rencontrer dans son ami un frère, avec lequel elle eût pu passer ses jours dans la plus grande confiance. Et la pauvre mistriss Harler, mariée à quatorze ans, à un homme qu'elle adoroit, et qui n'a pas joui six mois de la douceur d'en être aimée uniquement ; elle l'a vu sans cesse prodiguer à d'autres les vœux qui lui étoient dus : sa patience étoit traitée d'insensibilité, et enfin, lassée de n'avoir ni le prix de son amour, ni celui de sa vertu, elle s'est séparée de lui. Croyez-vous qu'il n'eût pas été pour elle plus heureux, au moment où elle alloit épouser son amant, de trouver en lui un frère. Je vous rapporte ces deux exemples qui ont été sous mes yeux, mais croyez qu'il en est mille, et cent mille, qu'on pourroit vous citer.

» Je suis enchantée que vous veniez passer quelque temps avec moi, espérant bien vous faire sentir tout le prix des biens qui vous restent, et que vous retournerez dans vos foyers avec ce calme qui fait le bonheur de l'homme dans cette vie passagère ; croyez que l'agitation que vous éprouvez, vous eût suivie dans le sein des plus douces jouissances : l'homme a beau vouloir être heureux, ses désirs surpassent toujours ses possibilités. C'est le plus puissant argument contre ceux qui veulent voir cette vie comme le terme de notre existence. Jamais je n'ai pu adopter cette désespérante idée, qui nous forceroit de dire avec Jean-Baptiste Rousseau : *C'étoit bien la peine de naître*. Mais, parce que nous ne faisons que voyager ici bas, est-ce une raison pour n'en pas rendre la route le moins pénible qu'il est possible. Quand j'arrive dans une auberge, ne fût-ce que pour y passer la nuit, j'aime à m'y arranger de mon mieux, faisons de même pour le séjour qui nous est accordé, qu'il soit le moins désagréable que nous pourrons. Jouissons surtout de nos bonnes actions, de nos talens, de notre raison. Si nous éprouvons quelques malheurs, ce sont les pas difficiles, les voleurs de grands chemins, que l'on rencontre, tâchons de les éviter, pour arriver paisiblement à la couchée. »

Les sentimens qu'Athanaïse et son frère éprouvoient l'un pour l'autre, n'échappoient pas à madame Amélie; elle en étoit allarmée, et se gardoit bien d'ajouter à la disposition où étoit sa fille, par la peinture de ce que son cœur souffroit, pour l'époux qu'elle cherchoit inutilement, et dont la mort l'avoit privée pour toujours. Elle se contenta d'ouvrir son cœur à madame Duhamel.

Lettre d'Amélie, comtesse de Célicour, à madame Duhamel.

À Célicour, le 24 février 1744.

« Vous qui avez vu couler mes larmes, ma respectable amie, dans l'âge où je n'aurois dû connoître que le plaisir ; vos soins généreux et ceux de votre époux, m'ont conservé la vie, c'est dans votre sein que je vais répandre des pleurs qu'un souvenir trop tendre m'arrache encore. Le temps, mes longues douleurs, n'ont point détruit un sentiment qui a fait le destin de ma vie, il survit à l'auteur de mes tourmens, et en me retrouvant dans cette même maison où j'étois venue il y a tant d'années, chercher mon unique bien, et où je n'ai reçu que des outrages, toutes les plaies de mon cœur se sont rouvertes ; je jouis, il est vrai de tout ce qui fait la félicité, mais sans lui elle se change en un deuil éternel. Quand je le croyois injuste autant que cruel, je l'aimois encore ; jugez de ce que c'eût été en sachant qu'il avoit été trompé par des apparences dont tous les caractères étoient ceux de la vérité. Ah ! s'il vivoit, avec quel empressement il seroit venu m'enlever à la retraite où il m'avoit condamnée, combien sa tendresse auroit mis de soin à réparer les maux involontaires qu'il m'avoit causés ; j'aurois vu sa bouche me sourire, ses yeux s'animer de ce feu qui avoit pénétré mon âme, et si les années avoient rendu nos transports moins vifs, nos cœurs éprouvés par le malheur, eussent été plus tendres...... comme il aimeroit sa fille, comme il seroit fier de ses grâces, et plus encore de ses vertus..... Mais je le cherche en vain dans cette habitation qui retrace à tous les yeux son goût pour la magnificence. Je n'ai pu entrer qu'en frémissant, dans ce salon où il eut la cruauté de dicter cet arrêt si funeste à tous deux, et dont l'effet terrible a tarri en lui toutes les sources de la vie. Quand je pense qu'il est mort en me haïssant, en me méprisant, qu'il est mort de chagrin, d'avoir été forcé de se séparer de moi, que ses jours, depuis cet instant, n'ont été qu'une longue et pénible agonie, plus abandonnée que moi, puisqu'il repoussoit mon image, tandis que la sienne étoit ma seule et bien douce société, je me dis, il fut le plus à plaindre. En vain je veux éloigner ces tristes pensées, elles viennent toujours empoisonner les jouissances qui me restent, et souvent je me dérobe aux caresses de mon frère, de cet ami fidèle qui n'est occupé que de mon bonheur, dans la crainte que mes larmes ne troublent sa félicité. Et ma fille, que puis-je lui dire ! aussi infortunée que moi, irai-je par la peinture de mes souffrances, ajouter aux siennes ; car c'est en vain qu'elle s'efforce de paroître tranquille, le sentiment qu'elle conserve pour son frère est trop vif encore pour qu'elle ne soit pas malheureuse. Ainsi, ma digne amie, je suis forcée de renfermer dans mon cœur les maux que je ressens.

» Nous allons faire un grand voyage,

peut-être me distraira-t-il ; mais je ne le crois pas. Si je ne suivois que mon goût, je resterois ici, et chaque jour j'irois pleurer sur la tombe de mon époux, où j'ai fait graver des vers qui peignent les maux que son erreur nous a causés. Mais ni mon frère ni ma fille ne voudroient me quitter, et je suis sûre qu'il est nécessaire pour ma pauvre Athanaïse de s'éloigner pendant quelque temps de l'objet de ses peines secrètes.

» Mon frère a quitté le service pour ne plus se séparer de moi ; il vouloit que je me misse en possession de la portion des biens de mon père, qu'il m'a toujours religieusement conservés. Je l'ai prié d'en garder l'administration, qui est bien mieux dans ses mains que dans les miennes. La terre de Célicour, dont mon fils (car je lui donne ce nom avec plaisir), m'a fait accepter la jouissance comme douaire, me rend beaucoup plus riche qu'il ne m'est nécessaire, surtout n'ayant pas l'espoir que ma fille se marie..... A notre retour d'Irlande, faites, mon amie, l'impossible pour venir passer quelque temps avec moi, mon cœur en a le plus grand besoin, etc. »

Athanaïse, dans le même temps, écrivit à mistriss Belton, la lettre que je vais copier.

A Célicour, le 26 mars 1744.

« J'ai reçu votre lettre, ma chère mistriss, avec toute la reconnoissance que je vous dois. Je voudrois bien en être au point de convenir qu'il m'a été fort avantageux d'avoir Célicour pour mon frère, mais je n'y suis pas encore, je ferai l'impossible, et ce qu'il y a de bien certain, c'est que jamais, jamais il ne connoîtra le fond de ce cœur qui n'existe que pour lui. Ma mère me rend parfaitement heureuse, sa santé se rétablit de jour en jour, un exercice modéré et les bains ont rendu à ses nerfs leur première flexibilité, sa taille est moins courbée. Mon oncle est enchanté de lui voir reprendre un embonpoint qui lui rend presque toutes les grâces de la jeunesse, il est tout occupé de nous, il auroit bien voulu nous emmener en Bretagne, mais je veux avant tout vous voir. Ma mère et lui seront du voyage, mon frère ne peut être des nôtres, en recouvrant sa liberté il faut qu'il rejoigne son régiment qui entre en campagne : puisse la gloire effacer le souvenir des maux de l'amour ! Cette absence sera infiniment douloureuse pour l'un et pour l'autre. Ma mère qui le regarde comme son fils et qui ne lui donne jamais d'autre nom, voudroit bien qu'il se déterminât avant son départ à épouser Aglaé dont les sentimens pour lui prennent chaque jour plus de force, elle désire vivement qu'il fasse revivre un nom qui lui est si cher, elle lui en a parlé hier pour la première fois, je n'étois pas présente à cette conversation : je sais que le premier mot a été un refus formel. Ma mère lui a dit des choses si touchantes et mon oncle de si raisonnables qu'ils espèrent l'y déterminer. Ils pensent l'un et l'autre que même pour mon bonheur, c'est absolument nécessaire, mon foible cœur n'est pas intérieurement de leur avis. Cependant je ne puis disconvenir lorsque je juge de sang-froid qu'ils ont raison et peut-être aurai-je le courage de joindre mes instances aux leurs..... Il est certain qu'il ne peut faire un meilleur choix, et qu'Aglaé sera la plus respectable mère de famille..... Mais, mon amie, penser qu'une autre portera son nom, qu'une autre le rendra père. Ah ! il n'est qu'avec vous que je puisse convenir de ma foiblesse. Je vous supplie, ma chère amie, ne lisez pas ces lettres à sir Belton. Oui j'irai vous voir, j'ai besoin de retrouver près de vous la force nécessaire pour supporter ma situation, je désirerois bien que ce ne fût pas à Londres, s'il étoit possible. »

« Je vous prie de vouloir bien engager sir Belton à s'informer s'il n'existe pas en Irlande des parens pauvres du lord Walmore, ayant un projet que je vous communiquerai quand nous serons réunis. Mon frère a gagné son procès, tout d'une voix, avec tous les dépens, il a eu la générosité de les payer, parce que sa partie auroit été ruinée, il s'est contenté de rentrer dans sa belle terre d'Ableville, qui jointe à Célicour, forme un domaine superbe. Ce procès gagné, m'a-t-il dit, me fait bien moins de plaisir que je ne me suis trouvé heureux à Surville, de l'avoir perdu. Il m'a serré la main, et nos yeux se sont remplis de larmes, elles ont été ma seule réponse. Ah ! mon amie, que je suis foible encore ! etc. »

Cependant les inquiétudes d'Amélie redoubloient de jour en jour, et quoique la vertu la plus pure présidât à leurs entretiens, ils étoient jeunes l'un et l'autre, ils s'étoient adorés. Une mère aussi tendre pouvoit-elle ne pas craindre que sa fille ne fût entraînée malgré elle dans un abîme de maux dont la seule idée la faisoit frémir, et si l'honneur la retenoit sur le bord de l'abîme, des combats si continuels ne devoientils pas la rendre infiniment malheureuse. Hélas ! l'événement n'a que trop justifié ses craintes.

Enfin Célicour vaincu par les importunités et plus encore par la crainte que les parens d'Athanaïse dont il devinoit les alarmes, ne l'engageassent à s'éloigner de lui, se détermina à s'unir à mademoiselle de Clerville. Je n'entrerai dans aucun détail de cette fête où Athanaïse sut tellement se contraindre, qu'il fut impossible de pénétrer ses sentimens. Célicour ne put s'empêcher de frémir en prononçant un serment que son cœur désavouoit. Athanaïse revint dès le soir à Célicour avec sa mère et son oncle. Le baron s'établit à Clerville, glorieux d'avoir amené à fin un mariage qu'il avoit si vivement désiré.

Le moment du départ approchoit et Athanaïse écrivit à mistriss Belton.

Lettre d'Athanaïse à mistriss Belton.

A Célicour, le 20 avril 1744.

« Dans quinze jours, mon amie, je serai auprès de vous. Que ferois-je ici ? Célicour n'y seroit plus, et je n'ai plus d'autre bien que de le voir sans cesse..... Pardon du commencement de cette lettre, si vous étiez moins mon amie, elle ne partiroit pas, mais j'aime à vous faire lire jusqu'au fond de mon cœur. J'éviterai les adieux, je veux donner à ma belle-sœur le plaisir d'être bien persuadée que son mari ne sera affligé que de la quitter. Je ne doute pas de son attachement pour elle ; elle le mérite à tous égards, c'est un si grand bien d'aimer celle à qui on est uni par des nœuds solemnels, et le bonheur de Célicour m'est si cher que j'aime mieux lui être indifférente, que de lui voir de l'éloignement pour Aglaé. Ce que vous me dites de cette branche de Walmore, me donne l'espoir de remplir un projet auquel je tiens beaucoup. Adieu, ma bonne et sincère amie. Nous serons à Dublin au plus tard les premiers jours de juin, si les vents ne nous contrarient pas. »

Athanaïse et sa famille arrivèrent à Vood, où la vertueuse Belten les reçut avec la plus douce satisfaction. Athanaïse n'en connoissoit d'autre que de parler de son frère, de lui écrire, de recevoir de ses nouvelles. Je transcrirai quelques unes de leurs lettres où malgré la contrainte qu'ils s'imposoient; il est aisé de voir que leur cœur étoit encore tout entier à leur premier sentiment.

Lettre d'Athanaïse à Célicour.

A Vood, près Dublin, le 10 juin 1744.

« O vous mon ami, mon frère, vous que j'aime plus que ma vie, croyez que je ne supporterois jamais votre absence sans l'espoir de recevoir de vos nouvelles, sans la douce satisfaction de m'entretenir avec vous de tout ce que mon cœur éprouve. Avec quelle joie, j'ai parlé de vous à notre amie, qui m'entend si bien, qui seule a été confidente de tous les degrés de sentiment que vous m'avez fait ressentir, et dont aucun n'a été si tendre que celui dont la nature a imprimé entre nous le sacré caractère. Mistriss m'a reçue avec la plus grande amitié, ainsi que ma mère, qui a été un peu fatiguée de la traversée; mais il est bien doux de se reposer ici. Rien

Rien de plus joli que cette maison, surtout par son extrême propreté. Sir Belton s'est emparé de mon oncle : ce sont des conversations politiques et morales qui ne finissent pas, nous les laissons volontiers dans leur parloir, et nous nous retirons dans la chambre de mistriss : sa fille que je n'aurois pas reconnue, tant elle est formée, nous tient une fidèle compagnie. C'est une jeune personne charmante ; elle réunit tous les talens, et elle les doit tous à sa mère, qui ne s'est occupée que de son éducation : George est fort bien aussi; mais son père lui a inspiré les préjugés de sa nation, il nous regarde comme les très-humbles serviteurs des Anglais : cette morgue nuit à ses qualités personnelles. Sa mère n'a rien à dire, c'est Belton qui le conduit entièrement. Belton est un homme de mérite ; mais d'un naturel, d'une austérité qui effarouche la vertu même ; je crois que la maladie dont il est attaqué y contribue encore: vous voilà bien au fait de notre société, qui n'est jamais augmentée, car Belton ne voit personne. Il a fait l'effort de nous proposer d'aller à Dublin; mais j'ai vu dans les yeux de sa femme que nous ferions mieux de ne pas accepter. Nous ferons cependant un voyage à plusieurs milles d'ici, dont je vous rendrai compte. Belton est des nôtres parce qu'il l'approuve : j'espère aussi, mon frère, que vous l'approuverez ; car je vous rapporterai toute ma vie jusqu'aux moindres de mes actions : sans cette douce idée, en est-il que je fusse capable de faire ; c'est à vous que j'ai dû mes vertus, c'est à vous que j'en ferai sans cesse l'hommage: recevez les tendres amitiés de notre république qui, j'espère, sera réunie à Célicour, ne m'oubliez pas quand vous écrirez aux habitans de Clerville, et même au baron d'Orvigny malgré le fond de rancune qu'il me conserve, etc. »

Lettre de Célicour à Athanaïse.

A Valenciennes, le 26 juin 1744.

« Que ces caractères chéris ont troublé mon âme ! O vous qui êtes un ange sur la terre, vous dont je n'étois pas digne, vous qui eussiez rendu ma vie trop heureuse, comment vous répondre ? Hélas ! s'il m'étoit permis... mais non, ma sœur ce nom sacré arrête ma plume, et ne laisse à mon cœur que l'expression de l'amitié; mais qu'elle est vive, qu'elle sera constante ! Le tableau que vous me faites de votre société est tracé de main de maître ; je crois vous voir tous : j'avoue, cependant, que de tout ce qui est autour de vous, ce que je désirerois le moins connoître, est votre ami Belton, j'aime la vertu douce et facile, et je hais l'âpreté du caractère érigée par ces prétendus sages, en rigidité de principes; qu'ils voyent mon Athanaïse, ils connoîtront ce que c'est que la vertu, toujours bonne et sensible, se faisant aimer, et persuadant bien plus par ses exemples que par ses discours.

« J'ai reçu des nouvelles de Clerville, tout y paroît calme; la santé de ma femme fait espérer qu'elle me donnera un fils. C'est à vos pieds, mon amie, que je remettrai ce gage d'une union que vous seule aviez le pouvoir de former; puisse-t-il un jour mériter votre tendresse! Je n'ose vous parler de la mienne, je crains ces grands yeux noirs qui, jamais même dans des temps plus heureux, ne m'en ont permis l'expression, etc. »

Athanaïse qui cherchoit sans cesse la seule distraction qui convenoit à sa situation pressa son amie de partir pour Lismor dans le comté de Waterford, où languissoient dans la misère les parens de son époux. Ils partirent tous et traversèrent l'Irlande, et virent partout les effets terribles de l'intolérance et du despotisme. Ils avoient fait prévenir de leur arrivée un prêtre catholique qui avoit la confiance de sir Walmore, et il les mena dans un faubourg de la ville, et les faisant traverser une écurie, Athanaïse et son guide montèrent seuls un escalier qui auroit pu s'appeler un échelle, ils trouvèrent une petite chambre très-propre où sur un lit de paille étoit couché un vieillard vénérable. L'ecclésiastique qui les conduisoit entra le premier. — Sir Walmore, lui dit-il, voilà une de nos sœurs qui vient vous rendre visite. — Ah! que vient-elle chercher? un malheureux accablé de misère et d'infirmités, qui va bientôt rejoindre sa véritable patrie. Athanaïse s'approcha du lit de sir Walmore, qui lui tendant les mains, lui dit avec l'expression la plus douce : âme céleste, qui vous envoye? — Le désir de remplir un devoir sacré. Vous vous nommez Walmore, et je possède une fortune immense que je veux partager avec vous, et à laquelle vous avez des droits. — Moi, reprit-il, ah ! madame, il n'appartient rien ici aux catholiques. L'intolérance y est plus cruelle qu'en France, on nous traite comme des rebelles. Mais, j'aime mieux souffrir tous ces maux que de renoncer à la religion de mes pères....

Je sais qu'une branche riche des Walmores habite l'Angleterre, ils m'ont fait offrir à la mort du lord Walmore, de prendre son titre de lord et de me remettre ses biens, je leur ai envoyé pour réponse, ma profession de foi, et ma renonciation à la succession. Si c'est à titre de réformé que vous m'offrez cette fortune, je la refuserai comme je l'ai déjà fait. — Non, je suis française. — Comment, dit alors le bon vieillard, madame peut-elle avoir des biens de ma famille.... Athanaïse pria alors l'ecclésiastique de rejoindre sa mère et son amie, de la laisser seule avec sir Walmore. Elle s'assit sur une escabelle près du lit du malade, et lui raconta ses malheurs, il l'écoutoit dans le plus profond silence et ses joues se couvroient de larmes. Quand Athanaïse eut fini l'histoire de sa vie, elle ajouta
— Vous pensez bien que je ne puis

garder entièrement cette fortune, je suis maîtresse d'en disposer; je ne puis en faire un meilleur usage que de remplir les intentions de milord Walmore, qui sûrement ignoroit que vous fussiez dans cet état si peu digne de vous, son âme généreuse et sensible, trop éloignée de toutes idées de fanatisme, n'auroit pas souffert que vous y fussiez resté, laissez-moi donc faire ce qu'il eût fait lui-même, en acceptant trois cent mille francs.... L'étonnement avoit suspendu les facultés de l'âme de sir Walmore, mais revenant à lui. — J'accepte, dit-il, ce que vous me proposez, ce n'est pas pour moi, qui n'ai plus que quelques jours à vivre, mais pour mon fils, ce sera la digne récompense de ses vertus, daignez l'adopter, madame, servez-lui de mère : en perdant la sienne, il a tout perdu. Nous possédions cette même ferme, où je n'habite plus que ce réduit, ce bien venoit de ma femme, et il nous faisoit vivre doucement, lorsque la mort nous l'a ravie, ses parens ont eu la cruauté de nous dénoncer comme catholiques, nous avons été privés de ce domaine, dont ils jouissent à présent, en nous donnant à peine le nécessaire. Mon fils du vivant de sa mère étoit entré dans la marine, et avoit fait deux voyages avec succès, au retour du dernier, il apprit l'état affreux où j'étois réduit, et il est venu à mon secours. Une paralysie sur les jambes me force à rester dans mon lit, il me nourrit du travail de ses mains. Mais si vous le tirez de la misère, j'ose vous faire une prière ; je vous demande en grâce de ne lui pas dire tout ce que vous voulez faire pour lui, afin que les richesses ne corrompent point ses mœurs, que je prise plus en lui que la plus grande fortune. A peine avoit-il cessé de parler, qu'Athanaïse vit entrer dans la chambre un jeune homme de dix-huit à vingt ans, d'une figure charmante : la simplicité de son habillement, n'en laissoit pas moins voir l'élégance de sa taille. Il la salua respectueusement, puis s'approchant du lit de son père, il lui demanda quels étoient ces étrangers qui étoient venus le chercher. — Mon premier sentiment ajouta-t-il avoit été celui de la crainte, mais ils ont tous l'air si bons, si sensibles, que je n'ai pu croire qu'ils pussent nous vouloir du mal. — Non, mon fils, non tout au contraire, madame vient finir nos maux, elle est française, nièce de M. le comte d'Ormont ayant reçu quelques services de milord Walmore, elle est venue pour les acquiter en t'adoptant. — Ah ! mon père, je sens tout le prix des bontés de madame, mais rien dans la nature ne pourra me séparer de vous. — Je ne veux pas, vertueux jeune homme, reprit Athanaïse, vous séparer. Je viens vous offrir chez moi un asile, il est très-possible que sir Walmore puisse être transporté, j'ai amené une litière. Il viendra d'abord à Wood près Dublin, dans la maison de sir Belton, nous nous embarquerons, nous irons à Brest, où mon oncle vous fera entrer dans la marine de France. Vous me confierez bien M. votre père, je l'emmènerai à Célicour, je le soignerai comme le mien..... Cela vous convient-il ? — Ah ! madame, pouvez-vous me demander, si mon père y consent. — Oui mon fils, et je bénis le ciel qui a dirigé les pas de ces dames dans mon humble réduit. Athanaïse fit prier sa mère et ses amis de monter, on fit ouvrir les cantines et l'on fit un souper délicieux près le lit du vieillard. On passa la nuit sur la paille, et jamais depuis ses malheurs, Athanaïse n'avoit dormi aussi paisiblement.

Dès le point du jour, on partit pour Wood, on traversa Lismor, tout le monde étoit aux fenêtres et sur les portes, on ne concevoit pas ce que ces étrangers étoient venus faire dans cette ville. Les dames étoient à cheval auprès de la litière qui renfermoit Walmore le père, et rien n'étoit si leste que cette petite caravanne. Ce qui les étonnoit le plus, étoit de voir sir Williams dans un équipage brillant; lui qui la veille travailloit aux champs. Athanaïse et mistriss Belton le soutenoient. On fit un espèce de lit de repos avec des matelas, on approcha la table pour le souper. La gaieté brilloit sur son visage, son esprit étoit encore dans la force de l'âge, et on se plaisoit à l'écouter avec le plus tendre intérêt. Henriette étoit attentive à ses moindres mouvemens, et Williams la regardoit avec attendrissement ; par la reconnoissance sans doute que lui inspiroient ses attentions pour son père ; à qui il avoit sacrifié sans balancer, son avancement et sa fortune ; car l'amour n'auroit pas osé se mêler dans tout ceci. Un jeune homme de vingt ans, une fille de quatorze, et comment penser qu'ils s'aimeroient, surtout quand tous deux sont d'une figure très-séduisante, et qu'ils sont sensibles. Non, non, ils n'ont que de l'amitié l'un pour l'autre, point d'amour : ils savent qu'il fait trop de mal. Cependant, Athanaïse voulant remplir ce qu'elle devoit à la tendre amitié de mistriss Belton, désiroit que la fortune de Williams Walmore devînt celle de Henriette, qui ne pouvoit pas faire un aussi bon mariage. En restant en Angleterre, ce jeune homme avoit tout ce qu'on pouvoit désirer pour parvenir au service de la marine de France, et de plus la leçon du malheur. Elle en parla à mistriss, mais il falloit savoir si son mari y consentiroit. Belton ne s'y opposa pas, le peu d'espérance qu'il avoit de faire de sa fille une bonne Anglaise, le décida. Mistriss consentit à se séparer de sa fille, pour le bonheur de cette aimable enfant que l'humeur triste et sauvage de son père tourmentoit. La petite personne regrettoit son père et sur tout sa mère; mais elle étoit bien aise de venir en France, d'avoir soin de sir Walmore et puis elle ne disoit pas le reste..... Pour Williams, il ne pouvoit cacher l'impression vive qu'elle faisoit sur lui, mais comme il étoit loin de connoître sa fortune, il n'avoit d'autre espérance que celle de la voir quelques jours de plus. Les deux pères se donnèrent leur parole. Athanaïse donna la sienne de ne rien dire aux jeunes gens, qu'au retour du premier voyage de Williams, et de retarder cette union jusqu'à ce qu'il en fût digne.

Lettre de Célicour à Athanaïse.

A Valenciennes, le 18 août 1744.

« Nos cœurs destinés à éprouver les mêmes émotions, partagent leurs peines et leurs plaisirs ; jugez donc ma sœur, mon amie combien j'ai été sensible aux détails que vous m'avez fait de votre voyage dans le Munster, qu'il est doux de faire un si noble usage de ce métal qui n'a d'autre prix que celui que nous y mettons. Sans valeur dans les mains de l'avare, dangereux dans celles du dissipateur, il n'est utile qu'à l'être bienfaisant et sensible, et qui l'est plus que mon Athanaïse ?

Je crois cependant comme vous, mon amie, que cette action étoit un devoir, mais tous n'en auroient pas été capables, c'est donc bien moins du don que vous faites, c'est de la manière, dont je suis enchanté : chaque jour je découvre en vous de nouveaux mérites, la nature vous a tout donné. Vous cesseriez d'être belle, qu'on ne pourroit cesser de vous adorer ; c'est votre âme que j'aime, c'est elle qui est peinte dans vos yeux ; le premier jour que je vous ai vue, c'est elle que je regrettois quand vous avez eu la cruauté de vous arracher à moi ; c'est elle qui me rend heureux malgré les liens qui m'ôtent tout espoir.... Laissez moi donc vous aimer sans crainte de troubler mon repos ; je m'en estime davantage, je vaudrois sûrement moins, si je cessois d'adorer vos vertus. J'attends l'instant de notre réunion avec la plus grande impatience, j'espère être à Clerville dans les premiers jours de septembre, je voudrois bien vous y trouver en arrivant, tout y est si triste sans vous : Aglaé même est si heureuse de vous voir ; vous ajoutez l'énergie à la tendresse de son âme, vous développez son esprit et ses talens. Enfin, vous êtes l'âme de notre vie, qui sans vous, ma sœur, seroit un supplice affreux, j'attends de vos nouvelles avant votre départ de Dublin, et puis de Brest ; c'est mon seul plaisir quand je suis loin de vous. »

Athanaïse et sa famille s'embarquèrent sur un bâtiment neutre, il fut rencontré par une frégate française qui, ne pouvant pas distinguer le pavillon, lâcha sa bordée, et brisa quelques manœuvres, Williams se prépara au combat comme à une partie d'échecs. Sir

Walmore qui croyoit que c'étoit des Anglais, vouloit se faire porter sur le pont ; mais cette alarme ne fut pas de longue durée, les bâtimens étant plus près se signalèrent, et le capitaine français ayant reconnu son erreur, fit offrir tous les secours, et escorta jusqu'à la vue de Brest, où le vaisseau entra sans autre accident. M d'Ormont mena sa famille chez le commandant de la marine, et présenta Williams qui fut parfaitement bien reçu. On écrivit à Versailles pour lui avoir un brevet; il étoit bon géomètre, et avoit tant de désir de s'avancer, qu'il ne pouvoit que faire un chemin rapide. Il fut nommé enseigne sur le premier vaisseau qui devoit faire voile pour l'Amérique. Miss Henriette n'étoit pas très-pressée de quitter Brest, et Williams voyoit arriver le moment de son départ avec douleur, bien par le chagrin de se séparer de son père, mais aussi par la peine de ne plus voir Henriette : cependant ils n'osèrent l'un et l'autre parler à Athanaïse de leurs sentimens.

Amélie se faisoit une grande fête de revoir le berceau de son enfance. Elle y fut reçue avec toute la franchise bretonne, et c'étoit à qui lui feroit raconter ses aventures, non par curiosité, mais par le plus véritable intérêt.

Athanaïse, de retour à Clerville, revit son frère avec un plaisir qui ne peut s'exprimer. Aglaé et sa mère lui firent mille acceuils, le baron d'Orvigny lui dit presque des douceurs. On reçut sir Walmore avec le respect dû à son âge, au malheur et à la vertu ; mais Aglaé étoit enchantée d'Henriette, leurs âges se rapprochoient, et quoiqu'elle fut d'une figure charmante,

Célicour ne parut pas y faire attention, et pour Henriette, elle ne voyoit rien depuis qu'elle avoit quitté sir Williams : cependant elle s'occupoit beaucoup, et Athanaïse s'efforça, autant qu'il étoit en elle, de remplacer les tendres soins de sa mère. Les jours étoient arrangés pour ne pas perdre un moment : Athanaïse alloit dîner presque tous les jours à Clerville avec Henriette et le comte d'Ormont ; ils revenoient tous les soirs tenir compagnie à madame Amélie et à sir Walmore qui restoient à Célicour.

Williams écrivit à bord du Triomphant, une lettre remplie des sentimens de la plus touchante reconnoissance, il demandoit d'être rappelé au souvenir de mistriss Henriette. — J'aurois voulu, écrivoit Athanaïse, à mistriss Belton, que vous eussiez vu comme ses joues sont devenues vermeilles, comme ses beaux yeux bleus se sont baissés quand j'ai lu cette phrase ! Je n'ai pas fait semblant de m'en appercevoir, hélas ! les pauvres enfans, ils ne savent pas que c'est le plus doux moment de leur vie, ils ont toute la fraîcheur du sentiment; heureux qui peut en jouir sans trouble ! Dans mes plus beaux jours, je ne l'ai pas connu, et soit que la nature imprime un respect, que l'amour le plus vif ne peut vaincre, je ne pouvois être un moment avec Célicour, sans éprouver un tremblement dont il m'étoit impossible de deviner la cause,

Lettre de mistriss Belton à Athanaïse.

A Wood près Dublin, le 30 septembre 1744.

« Nous sommes toujours à Wood, et je crois, mon amie, que nous y resterons jusqu'au temps du mariage de ma fille; sir Belton pense qu'il est plus prudent de ne point faire de déplacement qui nous dérangeroit, je ne puis qu'approuver sa raison. Le mal-être que causent les dettes, est si insupportable, que j'aimerois mieux me priver de tout, que de m'y voir condamnée. Je me rappelle que ma mère qui étoit aussi généreuse que sensible, avoit laissé imperceptiblement augmenter sa dépense, chaque année elle passoit sa recette, d'abord de très-peu de chose, puis un peu plus, pendant plusieurs années, elle écrivoit, elle comptoit et voyoit le désordre; effrayée de ce déficit, elle ne comptoit plus, empruntoit à gros intérêt, louoit à bas prix ses terres, ses maisons de ville, pour avoir des pots-de-vin qui servoient à appaiser un créancier de mauvaise humeur, vendoit à bon marché argent comptant, achetoit cher à crédit. Mon père étoit au service, fort occupé de son avancement, il s'en rapportoit à sa femme, et pourvu qu'en revenant chez lui, il eût une bonne table, et trois cents louis pour rejoindre, il ne s'embarrassoit guère des moyens que ma mère employoit. Tant que cela put se soutenir, et qu'il n'y eut pas d'éclat, tout alla bien; mais quand il ne fut plus possible d'avoir à crédit à quelque prix que ce fût, quand il ne fut plus possible de donner à mon père de l'argent pour partir, il commença à s'appercevoir qu'il avoit eu tort de donner à ma mère une aussi grande confiance; il prit des soupçons, il pensa que sa femme, qui se refusoit tout personnellement, avoit détourné l'argent pour tout autre usage, des soupçons il passa aux reproches, déclara aux créanciers qu'il ne reconnoissoit pas les dettes de sa femme : ma mère, accablée de douleur, mourut de chagrin. Mon père vit trop tard qu'il auroit dû ménager cette âme sensible ; qu'il auroit pu, en retranchant ses propres dépenses, passant plusieurs années à la campagne, réparer le mal dont il étoit au moins le complice, par son éloignement pour les affaires ; il fit, après la mort de ma mère, ce qu'il auroit dû faire de son vivant, et en peu d'années, tout fut réparé, excepté la perte irréparable de ma mère. Ce fut dans ce temps là qu'il me confia à ma vieille parente ; de là, toutes les étourderies que j'ai faites qui, si je n'avois pas trouvé dans sir Belton un aussi galant homme,

m'eussent

m'eussent plongé dans un abîme de maux dont je n'aurois pu sortir. Cet exemple effrayant m'a donné, dans tous les temps, un si grand éloignement pour les moindres dettes, que ce que je désirerois le plus, s'il falloit l'acheter à crédit, j'aimerois mieux m'en passer pour toujours. Voilà une bien longue période pour dire qu'il vaut mieux rester ici que de nous déranger, et nous ôter peut-être la satisfaction d'aller vous voir, mon amie, et d'être témoin de l'union de mon Henriette avec Williams, que j'aime déjà comme mon fils. Je suis bien enchantée que ma fille soit sensible à son hommage, et j'approuve fort, mon amie, que vous ne paroissiez point vous en apercevoir. Il ne faut pas la bercer sitôt de cet espoir ; il est tant d'événemens qui peuvent déranger ce projet : le jeune homme peut changer d'inclination, il peut être enlevé dans un combat.... Et si ma fille avoit fait confidence de son sentiment, il prendroit bien plus de force; car nous sommes convenues, il y a long-temps, qu'il n'en prenoit jamais qu'autant qu'on lui en donnoit. Vous, mon amie, j'admire de quelle manière vous trouvez toujours moyen de parler de celui que vous conservez à votre frère; si je vous connoissois moins, cela me donneroit quelqu'inquiétude. Ne prenez pas au sérieux ce que je vous dis; car celle qui a été capable de faire tout ce que vous avez fait, non-seulement pour l'honneur, mais même pour la délicatesse, ne peut avoir l'idée d'un crime. Vous êtes née pour la vertu, et rien au monde ne vous y fera manquer. Le temps qui use tout, rendra votre tendresse moins vive; et vous serez parfaitement heureuse. Ce que souhaitera toujours votre fidelle amie, Belton. J'embrasse ma chère Henriette, je la cherche sans cesse ; mais elle est bien auprès de vous, et je la préfère à moi, etc. »

Lettre d'Athanaïse à mistriss Belton.

Au château de Célicour, le 27 février 1745.

« J'ai été bien long-temps sans vous écrire, ma chère amie ; mais Henriette vous a donné de nos nouvelles. J'ai été très-occupée de la santé de ma belle-sœur qui nous a donné de vives alarmes : rien n'a été si douloureux que son accouchement. Quand on pense ce qui nous attend, nous autres pauvres femmes, vraiment il n'en faudroit pas davantage pour guérir de l'amour. J'en suis encore effrayée, ses cris me perçoient l'âme, je crois encore les entendre. La pauvre madame de Clerville faisoit pitié, Célicour étoit pénétré de douleur; nous avons envoyé dans toutes les villes à dix lieues à la ronde, chercher ce qu'il y avoit de plus habile. Enfin, la pauvre petite femme, épuisée de fatigue et de douleurs, est tombée sans connoissance: on ne savoit plus à quoi se résoudre : ce que l'art n'avoit pu faire, la force de l'âge et la nature l'a achevé. Mon neveu est arrivé tout gaillard, et ne paroissant pas avoir souffert des maux de sa mère. Ses cris l'ont réveillée. — Ah ! mon enfant est vivant, a-t-elle dit, je suis trop heureuse. Nous l'avons embrassé, comme vous pouvez bien le penser ; puis nous nous embrassions tous. Célicour voulut qu'on le remît dans mes bras ; j'étois toute embarrassée. Quelle fragile créature nous sommes en arrivant ici bas! On le reprit enfin, ce qui me fit grand plaisir ; malgré la tendresse que je me sens pour lui. Sa mère voulut lui donner à téter, l'épuisement où elle étoit ne put l'en empêcher. Célicour partage ses soins, c'en est un bien doux; et qui triomphe à la fin des sentimens les plus forts. Je le vois sans jalousie; je désire tant le bonheur de mon frère, et je suis si certaine qu'il n'y a pas de moyen plus sûr d'être heureux que d'aimer celle qui porte notre nom, que je ne puis voir sans un sensible plaisir, l'attachement qu'il prend pour elle. Mais je jouis de mon sentiment : je décide bien la question tant de fois proposée : Qui est le plus heureux de celui qui aime, ou de celui qui est aimé ? C'est une occupation si constante, qu'il n'y a rien qu'elle n'embellisse. Je ne fais point un pas, je n'ai jamais une pensée qui ne soit à lui : si c'est une foiblesse, je n'en guérirai pas de long-temps.

« J'avois laissé Henriette à ma mère

pendant les couches de ma belle-sœur, et j'allois seulement les voir de temps en temps. Henriette s'ennuyoit un peu ; mais elle trouvoit cependant un moyen de tromper sa solitude, en donnant mille soins à sir Walmore, le tout par humanité ; car Williams n'y étoit pour rien..... Je suis toujours de plus en plus contente d'elle, ma mère l'aime à la folie ; pour sir Walmore, il ne la regarde pas sans attendrissement, j'ose croire qu'elle sera heureuse. Il y a quelques jours elle demandoit à ma mère. —Est-on bien long-temps sans recevoir des nouvelles de l'Amérique ? — Trois mois quand on n'est pas contrarié par les vents — Trois mois, ah ! c'est bien long ; et puis un soupir... Et nous avons tous gardé le silence le plus profond. »

Williams, de retour de l'expédition dans nos colonies, obtint un congé, et arriva à Clerville, dont toute la société étoit venu voir pêcher un étang qui tient presqu'au parc de Célicour. Henriette étoit assise sur l'herbe à côté d'Athanaïse. Elle jette un cri, puis se cache le visage de ses mains. Son amie la regarde, mais ce mouvement fut si prompt, qu'elle ne put voir ce qui l'avoit effrayé ou ému. Elle ne fut pas long-temps sans en être instruite, en voyant tomber à ses genoux Williams. Son père, à qui il avoit rendu ses premiers hommages, lui avoit dit que l'on étoit au bord de l'étang. — Je viens, madame, dit-il, reprendre courage pour suivre ma carrière d'une manière digne de vous, et de ceux qui veulent bien prendre quelqu'intérêt à moi. Ces derniers mots, en regardant Henriette, achevèrent de la déconcerter, au point, que pour lui éviter l'embarras où elle étoit, Athanaïse, se leva avant de répondre à Williams, et prenant son bras, marcha en avant jusqu'au château. Elle lui reprocha doucement de n'avoir pas prévenu de son arrivée. — Hélas ! madame, quand on a été six mois loin de vous, pouvez-vous croire qu'il soit possible, à l'instant d'obtenir une permission de vous voir, de différer.... Je n'ai que deux mois de congé, et le temps d'écrire, celui de recevoir votre réponse, m'auroit fait perdre plus d'une semaine.... Il lui remit une lettre du commandant, qui faisoit de lui les plus grands éloges.... Je vous l'envoye, écrivoit-elle à mistriss, je crois qu'elle vous fera plaisir et à votre mari. Les dernières nouvelles que vous donnez de sa santé sont très-inquiétantes ; je crois que vous devriez le déterminer à avancer son voyage en France, c'est le seul remède que les Anglais employent avec succès contre la consomption ; mais il ne faut pas attendre.

Mon frère, ajoutoit Athanaïse, se dispose à partir dans les premiers jours de mai. Son régiment est commandé, il en est fort aise. Moi je tiens au fond de mon cœur, les transes que j'aurai pendant tout le temps où il sera en présence de l'ennemi. Je m'attache tous les jours plus tendrement à lui, sa femme pleure comme un enfant. Henriette pleure avec elle, mais non le départ de Célicour. Williams se conduit avec la plus grande circonspection. Jamais amour n'a été si intéressant que celui de ces jeunes enfans ; je voudrois que vous en fussiez témoin, je suis sûre que Belton, le sage Belton en seroit touché, et que ce seroit un moyen de dissipation qui lui rendroit la santé. Je voudrois bien au lieu de réponse à cette lettre, vous voir arriver ici. Ma mère, mon oncle le désirent autant que moi ; mais personne n'en ressentiroit plus de plaisir que M. de Walmore et la chère Henriette. Célicour seroit enchanté de voir celle à qui, dit-il, il doit le bonheur; et il a bien raison. Sans vous, ma chère amie, j'aurois fini mes jours loin de lui ; et sûrement nous aurions été bien malheureux. Venez donc jouir de votre ouvrage, ma chère mistriss, je vous en conjure par l'intérêt de la conservation de Belton, que j'estime bien sincèrement.

Lettre de mistriss Belton à Athanaïse.

A Vood, le 15 avril 1745.

« Il n'est pas possible, ma chère amie, de faire varier sir Belton sur le plan qu'il s'est fait de n'aller en France qu'au printemps de 1746. J'ai eu beau lui représenter que sa santé l'exigeoit, il n'a pas voulu m'entendre; et comme la contrariété dans son état est extrêmement dangereuse, j'aime mieux le laisser entièrement maître de ses actions. Je lui appartiens par droit de conquête, ainsi je dois faire toute ma vie ce qui lui convient.

» L'arrivée de son frère aîné, qui étoit depuis dix ans à Madras, le retient aussi. C'est le marin le plus marin que le ciel ait formé; mais bon avec l'écorce la plus dure. Il fume, boit de l'eau-de-vie toute la journée; il a de magnifiques possessions au-delà des mers : il les destine à Georges, ne voulant pas se marier. Quant à Henriette, il la déshérite comme étant passée en France sans son consentement. Tout ce qu'il dit sur cela est digne de Molière ; je l'écoute avec la plus grande tranquillité, et lui réponds toujours : vous avez raison, mon frère. J'ai heureusement, ici le curé de Lismore, dont la société douce et facile m'aide à supporter l'ennui de ma position.

Nous avons eu cependant, il y a quelques jours, un sujet de diversion, nous avons été à la foire de Waterfort, Belton s'y est fait conduire en litière, car il ne peut supporter le cheval. Cette foire étoit très-brillante, il m'y est arrivé une aventure qui, je crois, fera plaisir à madame votre mère. Comme nous nous promenions sur la place, j'entends appeler, *Schwartz*. Ce nom qui m'avoit frappé dans l'histoire de madame Amélie, me fit regarder attentivement celui qui le portoit; et ayant remarqué la taverne où il entroit, je le fis prier par Georges de vouloir bien venir à la nôtre, ce qu'il fit avec empressement croyant que j'avois quelqu'affaires avantageuses à lui offrir. Je lui demandai s'il n'étoit pas Allemand. — Oui, matame. — Vous étiez à Ulm en 1724 ? — Oui, matame, vers le mois de juin. — N'y avoit-il pas avec vous un jeune Français ? — Oui, matame. — Seriez-vous bien aise de savoir de ses nouvelles ? — Oh ! oui, grantement aise ; je lui tois tix mille francs que je ne puis lui rentre, ne sachant pas où il est. — Eh bien, lui dis-je, si vous allez en France en quittant ce pays, vous le trouverez au village de Célicour, près d'Évreux en Normandie ; il habite le château. — Ah ! matame, que vous me rentez heureux ! car il est fâcheux pour un galant homme, d'avoir le pien d'autrui sans bouvoir le rentre. Dès que la foire sera finie je partirai pour la France avec cette somme.... Mais, matame, dites-moi donc qui est ce jeune Français. — Vous le saurez, M. Schartwz, je ne puis vous en dire davantage. Je l'engageai à dîner avec nous, ce qu'il accepta volontiers, à la grande satisfaction de mon beau-frère, qui fut enchanté de trouver quel[qu']un pour lui tenir tête. Schwartz nous [con]ta que ces dix mille livres avoient été la cause de sa fortune, et qu'il avoit un commerce de plus de six cents mille francs ; qu'il s'étoit marié à Genève avec une femme fort aimable dont il avoit plusieurs enfans ; que tous les ans, le 25 juin, jour où il avoit rencontré le jeune Français, il faisoit une fête où la santé de l'inconnu étoit portée à la ronde ; qu'ensuite il prêtoit une même somme au plus intelligent et au plus pauvre marchand de Genève ; que depuis plus de dix ans, cette somme rentroit toujours dans ses coffres, et avoit établi dix familles ; que c'étoit la seule manière dont il avoit fait valoir cet argent, en recommandant bien à ceux à qui il le prêtoit, de faire des vœux pour l'inconnu. — Ils ont été bien exaucés, et votre inconnu, repartis-je, est fort-heureux : rien n'ajoutera plus à son bonheur que de vous revoir. Nous nous sommes séparés les meilleurs amis du monde, je ne doute pas qu'il ne soit à Célicour avant ma lettre.

L'état de mon mari empire tous les jours, sa fermeté et son courage sont au-dessus de ce que je puis vous exprimer ; aussi n'est-ce pas lui que je dois plaindre, mais moi, qui, depuis seize ans, ne vis que pour lui..... Cependant les médecins espèrent encore.... Ils lui ont ordonné les eaux de Plombières, mais Belton ne le veut pas, ce qui me désespère. Ah ! mon amie, que j'aurois besoin de vous et d'Henriette dans ces cruels momens, tout ce que vous m'écrivez de Williams adoucit ma douleur. Sir Belton a lu avec le plus grand intérêt la lettre du commandant de la marine, il me l'a rendue sans proférer un mot, il semble qu'il craigne de trouver de nouveaux liens à une vie qu'il voit éteindre sans regret, parcequ'il a vécu sans remords.

Lettre d'Athanaïse à mistriss Belton.

Au château de Célicour, le 27 mai 1745.

Que l'état de Belton m'afflige ! les alarmes d'Henriette sont devenues si vives que je suis déterminée à partir avec elle à la fin de juin, Williams m'a demandé la permission de m'accompagner : je n'ai pas cru devoir m'y opposer, je laisserai son père avec ma mère qui en a le plus grand soin. Je suis si touchée de votre douleur, mon amie, que je ne pourrois vous faire le détail de la reconnoissance de ma mère avec M. Schwartz, si vous ne vous y fussiez pas intéressée. Je crois qu'il pourra vous distraire un moment. J'avois reçu votre lettre, et je n'avois pas voulu en faire part à ma mère pour lui ménager la surprise de cet événement.

Nous étions dans le salon, je vis entrer dans la cour du château un homme qui, par respect, étoit descendu de sa chaise dans l'avant-cour : son front carré et ses manières roides me firent bien penser que c'étoit notre Allemand, il fit demander la maîtresse de la maison; ma mère donna ordre de le faire entrer. Après cinq ou six révérences, il lui dit : — Matame, je viens chercher chez vous un jeune Français qui ne toit être plus très-jeune,.... que j'ai vu à Ulm : je lui tois tix mille francs:

je les lui rapporte. M.me Belton que j'ai vue à Waterfort, m'a tit que je le trouverois ici. Je m'appelle Schwartz. — Ah ! M. Schwartz, que je suis contente de vous voir ! Ce jeune homme, qui, comme vous le dites très-bien, n'est plus jeune,... c'est moi. Vous, matame ? — Oui, monsieur ; et pour preuve de ce que je vous dis, ajouta ma mère en ouvrant une chiffonnière où elle renferme ses papiers : voilà la lettre que vous m'avez écrite en 1724. — Eh bien ! matame, je vous tis vrai ; je ne vous aurois pas reconnue. — Je le crois, dit ma mère, les chagrins détruisent le peu de charmes que l'on peut avoir. — Je ne tis pas cela, matame, mais seulement, que je ne vous aurois pas reconnue... Je donnai alors à ma mère la lettre que j'avois reçue de vous ; elle a prié M. Schwartz de garder les dix mille francs, et de continuer d'en faire le même usage qu'il en avoit fait jusqu'alors. Il nous restera quelques jours. Sa bonhommie, sa franchise, nous plaisent infiniment; et, s'il étoit un peu moins révérencieux, ce seroit un homme aimable. Adieu, ma chère mistriss, je vais m'occuper du soin de notre départ ; la pauvre Henriette mourroit d'inquiétude, si je prolongeois ici mon séjour; sa tendresse pour son père et pour vous, ma chère amie, me la font chérir davantage. »

Lettre du docteur O Lielly, curé de Lismore, à Athanaïse.

A Wood, le 10 juin 1744.

MILADY,

« Quelle triste nouvelle j'ai à vous apprendre et à miss Henriette! Le digne et respectable sir Henri Belton vient de terminer sa carrière, et jouit à présent de la récompense de ses vertus.

Belton, se sentant plus mal, me fit prier de venir dans sa chambre; nous restâmes trois heures enfermés, puis, il me pria, sans faire avertir personne de sa famille, de lui faire remplir les devoirs de la religion qu'il professoit : il n'y eut que James, qui l'avoit accompagné en Amérique, qui fut témoin de cette triste mais consolante cérémonie. Puis il s'habilla, et se fit porter au parloir où il nous entretint avec la plus grande liberté d'esprit. Il prit quelque nourriture qui eut peine à passer. Il saisit le moment que mistriss étoit sortie afin de donner quelques ordres, pour me prier, quand tout le monde seroit retiré, de venir dans sa chambre passer la nuit. — Ce sera la dernière, me dit-il, mais je ne me sens pas le courage de la passer seul. Il fut assez tranquille jusqu'à trois heures; son âme s'élevoit vers l'être suprême; mais, sentant sa fin approcher, il me dit de faire avertir mistriss, Georges, et son frère. Je trouvai votre amie levée et qui venoit à la chambre de son mari pour apprendre de ses nouvelles; elle étoit cependant loin de le croire aussi mal; elle fut effrayée de me trouver de bout : alors je lui dis, avec tout le ménagement possible, ce qui s'étoit passé la veille, elle tomba évanouie, j'appelai Betty qui la rendit à la vie et à la douleur. Georges et sir Andrews Belton étoient déjà entrés dans la chambre de sir Henri, et mistriss vint bientôt nous joindre. M. Belton lui tendit la main; — Il faut nous quitter, ma chère mistriss, le ciel m'est temoin que je ne regrette que vous, c'est le seul sacrifice que j'aye à faire. Mistriss ne put répondre, ses sanglots l'étouffoient. — Je vous recommande le bonheur d'Henriette, continua-t-il; unissez-la à Williams Walmore :.... quant à vous, mon fils, je vous donne à mon frère. — Je l'accepte, dit Andrews, et il ne tiendra pas à moi qu'il ne soit un brave et un franc Anglais.... mais peut-être, Henri, tout ceci n'est qu'une fausse alarme, et que dans un mois nous irons à la taverne.... Allons, ma sœur, du courage !... Belton sourit et me fit signe d'emmener son frère dont la brusque amitié étoit déplacée dans ce moment. Je dis donc à Andrews que le thé étoit prêt. — Allons, je descends..... On devroit lui donner un verre d'eau-de-vie, cela le remettroit, ce n'est qu'une foiblesse. Il sortit. Mistriss, la bouche collée sur la main de son mari, attendoit en silence la fin de cette terrible crise : Georges avoit passé son bras sous la tête de son père qui tomba bientôt sur sa poitrine, cette main que mistriss tenoit toujours devint froide, elle leva les yeux et vit ceux de son époux couverts des voiles de la mort. C'est ainsi que le plus vertueux des hommes a passé de cette vie périssable dans une éternité de bonheur. J'ai forcé mistriss de partir pour Londres d'où elle doit se rendre auprès de vous : Georges suivra son oncle qui doit se rendre dans les Indes; vous seule, milady, pouvez calmer la profonde douleur de votre amie ; c'est elle qui m'a chargé de vous faire ce douloureux récit que je finis, etc. »

O LIELLY, curé de Lismor.

Lettre de sir Walmore au docteur O Lielly.

Au château de Célicour, le 20 juillet 1745.

« Elle est enfin au milieu de nous, cette femme si malheureuse et si sensible. Que sa douleur est touchante ! Sans faste comme toute sa personne, elle dérobe ses pleurs, elle craint d'en fatiguer ses amis. Bien sûre qu'aucuns ne peuvent la soupçonner d'être indifférente à la perte qu'elle vient de faire; elle ne cherche point à persuader qu'elle est inconsolable, pour se faire consoler; douce, tendre avec sa fille; lui donnant des leçons de courage, qu'elle n'a peut-être pas; n'affectant ni de parler, ni de se taire sur l'objet de sa douleur. Je ne puis tarir, mon cher Docteur, en vous entretenant de cette respectable femme,

femme, dont la vertu simple, et toujours épurée par les maximes de morale et de philosophie qu'elle a puisées dans l'ame de notre ami, et qu'elle a su s'approprier, est un être vraiment estimable; éloge que nous autres Anglois ne prodiguons pas légèrement. Mon fils continue à se bien conduire, la vive douleur de miss Henriette a paru, en quelque sorte, suspendre les progrès de son amour pour lui, elle n'est occupée que de sa mère; mon fils a assez de délicatesse pour ne pas s'en plaindre; je crois pourtant que nous suivrons incessamment les dernières volontés de sir Belton en les unissant. Mistriss m'en a même parlé, ce qui m'a infiniment touché, mais ces sermens seront prononcés sans aucune cérémonie, et mon fils partira en quittant l'autel, ne voulant point exposer la vie de ma chère Henriette : d'ailleurs j'ai toujours pensé

que l'on devoit toujours desirer des enfans d'une santé robuste, ce qui est impossible quand une mère est trop jeune. La petite miss de Célicour a été mariée, selon moi, trop tôt, quoiqu'elle eut près de deux ans de plus que n'a présentement Henriette, aussi est-elle devenue foible et languissante : il faudroit qu'il fût défendu de marier une femme avant dix-huit ans, et un homme avant vingt-cinq ; on ne s'occupe pas assez de la conservation de l'espèce humaine, et l'on ne sent pas que des êtres foiblement constitués ne peuvent avoir l'énergie sans laquelle il n'y a jamais un d'homme d'état : il est vrai qu'elle est moins nécessaire dans une monarchie, du moins, suivant le systême actuel....
Mais, où me laissai-je entraîner ! mon dieu ! gouvernons nos familles, et laissons gouverner l'état par ceux qui ont le malheur d'en être chargés. Adieu, mon

cher docteur; croyez que malgré les soins généreux de milady Walmore, je regrette souvent mon digne et vertueux ami. »

Lettre du docteur O Lielly à sir Walmore.

A Lismor, le 8 août 1745.

« J'ai reçu, sir, avec la plus grande reconnoissance, votre lettre; j'étois très-inquiet de mistriss, et malgré tout le courage que je lui connois, je craignois que sa santé ne succombât à sa profonde douleur, mais l'amitié de milady Walmore l'adoucira, et l'union de sa fille avec sir Williams sera, malgré elle, une distraction nécessaire dans sa position.

Sir Andrews n'en a pas besoin, il n'a pas plus regretté son frère que s'il lui eut été parfaitement étranger. Le singulier caractère ! il fait le bien comme une pendule marque les heures, sans éprouver la moindre sensibilité ; il est bien révolté de celle de Georges, et si le jeune homme n'avoit pas son même enthousiasme pour la patrie, je crois qu'ils seroient déjà brouillés, car c'est un point de ralliement qui les rendra inséparables. Sir Georges doit écrire à sa mère, Andrews même dit qu'il écrira aussi, mais cela n'est pas certain : il faut avoir le temps de fumer, ... boire le punch, ... lire les papiers publics, ... comparer l'état du change, tout cela prend bien du temps..... et écrire à une femme, à une française qui a abjuré l'honneur d'avoir épousé un anglois, pour retourner dans sa patrie ; c'est beaucoup pour sir Andrews, mais comme il est forcé de rendre hommage à ses vertus il pourra bien avant de quitter l'Angleterre, lui sacrifier au plus un quart-d'heure de son temps.

» Ne regrettez pas, mon digne ami, nos tristes contrées; si je n'y étois pas attaché par le devoir de mon ministère, j'irois sûrement en France chercher le repos qui fuit nos malheureux frères; la persécution peut-être un jour me forcera de vous aller rejoindre, etc. »

Lettre de sir Andrews Belton, à sa belle-sœur.

Londres, le 13 août 1745.

« Eh bien, mistriss, comment va la douleur? je n'ai jamais compris que l'on pût pleurer éternellement une perte irréparable. Si l'on ne veut pas survivre à ce que l'on aime, il y a un moyen plus sûr que de se consumer en regrets inutiles. J'aimois mon frère et surtout je l'estimois, et cependant j'ai supporté sa perte avec courage, parce qu'enfin il faut en venir où il est à présent ; d'ailleurs, il étoit malade, à charge à lui-même, inutile à sa famille ; j'aurois donné ma vie pour la sienne, si sa vie eut été heureuse ; mais dans l'état où il étoit, pleurer sa mort, c'est ne l'avoir pas aimé : je vous le dis sans fard, ma sœur, parce que moi je dis tout ce que je pense.

« Eh bien ! la noce, allez-vous la faire tout en larmoyant ? et puis la belle idée de faire partir le marié : si j'étois de lui je ne partirois sûrement pas ; mais tout cela m'est égal, bien égal. Adieu, ma sœur ; je suis assez content de Georges ; il est encore un peu femmelette, cela se passera. J'ai vendu la maison de Wood ; je n'aime pas les Irlandais : j'ai amené Georges à

Londres, d'où nous passerons aux Indes. J'espère rendre Georges immensément riche ; mais surtout honnête homme, ce qui vaut bien mieux. J'embrasse Henriette et l'assure qu'elle n'aura pas un scheling de ma succession ; je ne donne pas des armes à mes ennemis ; c'est en donner que de répandre en France des biens qui augmentent sa puissance, que je voudrois voir anéantie, et comme le dit un de vos poëtes : »

Moi seul en être cause et mourir de plaisir.

Lettre de mistriss Belton à Andrews Belton.

Au château de Célicour, le 27 août 1745.

« Nos manières de penser, mon frère, sont si différentes, que je crois qu'il est parfaitement inutile que nous cherchions à nous convaincre, vous de votre philosophie, et moi de la justice de mes regrets. Je crois que le mariage se fera incessamment : c'est sir Walmore qui a décidé le départ de son fils. Je vous remercie de vos bontés pour le mien : ma fille est tout aussi sensible à votre amitié, qu'indifférente à votre fortune. Adieu, mon frère ; je crois que vous n'aurez pas la joie de mourir de plaisir de l'abaissement de ma chère patrie, etc. »

Lettre de mistriss Belton au docteur O Lielly.

Au château de Célicour, le 4 septembre 1745.

« N'attribuez, mon cher docteur, le silence que j'ai gardé jusqu'à ce jour qu'à l'extrême foiblesse qui m'a empêché de jeter un regard vers le pays que vous habitez, sans que mes pleurs inondassent mon visage ; mais enfin..... il faut savoir vaincre la douleur, même la plus juste qui fut jamais, pour remplir les devoirs de la reconnoissance. Je n'oublierai point, mon cher docteur, toutes les marques d'intérêt que vous m'avez données, les soins qui ont adouci le moment..... Ah Dieu ! que ce moment est encore présent à mon foible cœur.... Jamais, non jamais il ne s'effacera de mon souvenir : l'amitié de madame de Walmore, la tendresse de ma fille, ne remplissent point ce vide immense.... je n'ai vécu que pour lui, et il m'a fallu lui survivre..... il faut même paroître calme, pour ne pas troubler le repos de ce qui m'environne ; il faut s'occuper du bonheur de ma fille..... Demain elle va prononcer ces sermens si redoutables, mais qui, je l'espère, la rendront heureuse.

Sir Williams et son père sont au comble de la félicité : Henriette met oute la sienne à porter le nom de son amant et ne connoît pas d'autres biens. Heureuse ignorance, qui lui fera supporter avec moins d'impatience l'absence de son époux : il part demain pour Brest. Athanaïse a donné en dot à ma fille 300 mille francs, afin que Williams croie que toute sa fortune vient du côté de sa femme, et qu'il ne soit pas tenté d'en abuser. Sir Walmore conserve les 300 mille autres, que ma chère de Walmore lui avoit remis en Irlande, sans que son fils en soit instruit ; il n'en aura la jouissance qu'après la mort de son père.

Je me suis dérobé un instant à toute la joie qu'ils ressentent et dont je ne puis partager la douceur..... Quand je pense que demain ma fille sera conduite aux autels..... et que..... ah! Dieu!

cette pensée me tue. Pardonnez si je vous ai si longuement entretenu de la peine cruelle que j'éprouve ; mais qui sait mieux que vous, mon cher docteur, la grandeur de ma perte. J'ai reçu une lettre de mon beau-frère, qui ne dément point son caractère : je me suis efforcé de lui répondre ; hélas ! que dire à qui ne sent rien ! etc. »

Lettre du docteur O Lielly à mistriss Belton.

Lismor, le 10 octobre 1745.

« J'avois eu de vos nouvelles, très-honorée mistriss, par sir Walmore; sans cela, je n'aurois pas été peu inquiet de votre santé : je conçois que rien ne peut calmer votre douleur ; cependant si j'osois vous dire avec un ancien, que c'est dans votre cœur seul que vous trouverez l'adoucissement de vos maux, parce que, dit-il, *c'est dans notre cœur que nous possédons nos amis ; là, jamais d'absence ; l'ami qu'on désire on peut le voir tous les jours.* Ajoutez aux charmes du souvenir cette certitude d'être un jour réunis : c'est un voyage où il vous a précédé de quelques heures ; et la partie la plus noble de son être est demeurée avec vous ; son âme ne vous a point quittée ; elle préside à vos actions, elle les approuve, et votre excessive douleur est le seul reproche qu'elle pourroit vous faire ; elle vous diroit : je suis heureuse, pourquoi, moitié de moi-même, t'affliges-tu ? je suis près de toi, je t'entends, je te vois, et après le bonheur de contempler l'Être suprême, il n'en n'est pas de plus grand pour moi. Je t'attends ; mais en te laissant dans cette vie triste et ennuyeuse, je te laisse pour veiller sur le bonheur de ta fille : j'étois au pied des autels quand elle a prononcé le vœu d'aimer toujours Williams ; quand Williams a prononcé celui de la préférer à toutes les femmes : j'ai su la pureté de leurs intentions, la candeur de leurs sentimens ; j'ai tressailli de joie en pensant que ma chère Henriette sera heureuse : voilà, ma très-honorée mistriss, ce que vous dit cet époux chéri que vous pleurez ; peut-être n'aurai-je pas mieux atteint que sir Andrews le but qu'il se proposoit, ainsi que moi, d'adoucir votre douleur. Consoler est bien difficile, parce qu'il faudroit être le cœur même de celui qui pleure pour tarir ses larmes ; aussi n'est-ce que le temps et les réflexions que nous faisons nous-mêmes qui nous guérissent ; il ne reste qu'un souvenir tendre qui n'a rien de poignant : la mélancolie qu'il produit laisse à l'âme toute la liberté de penser, de sentir : heureux état, préférable peut-être à la joie. Je voudrois bien vous y savoir arrivée, ma chère mistriss, mais je l'espère de votre courage et de votre raison, etc. »

Les différens événemens qui s'étoient succédés avoient suspendu, si je puis me servir de cette expression, les sentimens d'Athanaïse : l'amour la trompoit par ceux de la nature, et lui faisoit croire qu'elle ne voyoit dans Célicour qu'un frère adoré. Trop vertueuse pour avoir l'idée d'un crime, elle se livroit sans trouble au penchant qui l'attiroit vers lui : tout servoit encore sa tendresse. Son neveu, qu'elle tenoit sans cesse dans ses bras, ajoutoit à l'illusion : l'enfant de Célicour étoit le sien ; ses douces caresses faisoient palpiter son cœur ; elle s'y livroit sans crainte, et si elle redoutoit celles de son frère, c'étoit plutôt pour ne pas porter quelqu'ombrage à Aglaé, que par prudence. Elle ne quittoit presque plus le château de Clerville, et croyoit n'y être retenue que par les soins qu'elle donnoit à sa belle-sœur et à son neveu; mais lorsque Célicour fut obligé de rejoindre l'armée, elle sentit plus que jamais combien sa présence lui étoit nécessaire : ni la tendresse de sa mère, ni l'amitié de madame Belton ne pouvoient la détourner un instant de sa pensée.

Ce fut dans cette disposition fatale qu'elle écrivit à son frère cette lettre si imprudente, et qui attira sur ce couple infortuné des maux que je frémis d'apprendre à mes lecteurs ; mais j'ai promis dans ces mémoires la plus exacte vérité, et malgré le respect que je conserve à la mémoire d'Athanaïse, je ne puis la supprimer.

Lettre d'Athanaïse à Célicour.

Au château de Clerville, le 10 mai 1746.

« O toi seul pour qui mon âme existe, que ton absence m'est douloureuse ! je ne puis m'y accoutumer...... Il est donc des degrés infinis dans le sentiment ; et quand je croyois que j'étois enivrée d'amour pour toi, je t'aimois bien moins qu'à présent. Seroit-ce donc que l'amitié seroit plus tendre que l'amour ? seroit-ce que ce sentiment, épuré par elle, donneroit aux liens qui nous unissent une force qui n'est comparable à rien dans la nature ? Mon frère, combien je t'aime ! Je me livre avec confiance à ce penchant que la nature autorise, et dont la vertu est la sauve-garde ; mais loin de toi je suis seule : tout ne me présente qu'un vide immense : je ne me plais qu'avec ma chère Belton ; les larmes qu'elle répand conviennent à l'état de tristesse de mon âme.

« Henriette est enfin mariée à Walmore ; je n'entrerai dans aucuns détails ; il m'en a trop goûté pour assister à la cérémonie, qui m'en rappeloit une...... Le départ de Williams a été très-touchant, et quoiqu'il n'ait rien que le titre d'époux, Henriette n'en sent pas moins la douleur d'en être séparée : le cœur d'une jeune personne devine les jouissances que l'amour lui prépare, et quoique l'agitation qu'elle éprouve n'ait point d'objet déterminé, elle n'en est pas moins réelle : Walmore l'aime vivement, et sa passion n'étant pas satisfaite, n'en aura que plus d'empire sur lui ; l'amour est le plus sûr gardien des mœurs ; tant qu'il croira qu'il n'y a pas de plus belle femme qu'Henriette, il n'y en aura pas de dangereuse pour lui. Ma belle-sœur a toujours mal à la poitrine, ce qui la rend triste : nous faisons, sa mère et moi, l'impossible pour la distraire. Hélas ! que faut-il donc pour être heureux ? elle est unie à l'homme qu'elle aimoit, elle est mère, elle est adorée de la sienne. Il faut que les vaines terreurs de la mort viennent troubler la vie la plus fortunée. Ton fils est chaque jour plus aimable ; je l'aime à la folie ; ce sera le seul objet, mon cher frère, dont tu pourras être jaloux, etc. »

Lettre de Célicour à Athanaïse.

Valenciennes, le 18 mai 1746.

« Elle est enfin arrivée cette lettre qui me comble de la plus pure félicité.

O mon amie, ménage, je t'en prie, ma foible raison ! Ah ! Athanaïse, c'est toi qui m'écris que tu m'aimes plus encore que lorsque je t'enivrois d'amour. Quoi ! j'ai pu avoir ce bonheur et je l'ignorois ; je ne le sais que lorsque je n'en puis plus jouir. Ah ! prends pitié de ton ami ; ne lui reparle plus de tout ce qu'il a perdu : non, jamais, jamais je ne m'en consolerai. Faut-il que tu sois ma sœur ? insensé que je suis, et si tu ne l'étois pas je serois mort sans te revoir ; ta cruelle vertu m'a privé sans cesse du plus grand des biens. Pardonne, Être suprême, j'adore tes décrets ; mais si tu veux que je les bénisse, change ce cœur qui brûle constamment d'une flamme dévorante. Que dis-je ? grand Dieu respecte ton plus bel ouvrage ; mon amour n'a rien qui t'offense : ma sœur est pour moi aussi respectable que toi-même ; t'adorer comme un être qui m'est infiniment supérieur est tout mon espoir : j'aime jusqu'aux tourmens que j'éprouve, et je cesserois d'être si je cessois de t'aimer...... Non, ma sœur, ne t'alarme pas, laisse-moi te parler, penser librement avec toi. J'ai pu, j'ai dû t'obéir en formant d'autres nœuds : je le devois à ta gloire ; mais tu n'as pas dû exiger que j'éteignisse la flamme céleste qui embrâsera mon cœur jusqu'à mon dernier soupir. Je ne puis m'empêcher d'accorder à celle que tu as voulu que je prisse pour ma compagne mon estime et ma reconnoissance : son cœur ignore l'amour et ne se plaint pas du mien ; elle m'a donné un fils ; elle me doit être chère et me le sera toujours ; mais que ce sentiment est froid en comparaison de celui que tu m'inspires.

« Aime mon fils, ma sœur, il est le tien ; sans tes ordres absolus il n'existeroit pas. Sois donc sa mère ; que, sans cesse dans tes bras, il puise sur ton cœur ces sentimens de courage et de sensibilité sans lesquels l'homme différeroit à peine de la brute ; qu'il soit formé par toi à l'exercice de toutes les vertus ; qu'il te doive les talens et les grâces, il te devra bien plus qu'aux auteurs de ses jours : les miens ne sont dignes d'être comptés que lorsqu'ils se passent près de mon Athanaïse, etc. »

Cette lettre fit sentir à Athanaïse la faute qu'elle avoit faite en peignant à son frère la vivacité de ses sentimens ; mais il n'étoit plus temps de dissimuler, elle avoit rallumé ce feu que le respect contraignoit, et qui n'en devint que plus ardent. Elle-même ne se reconnoissoit plus ; une langueur secrette la dévoroit. Mécontente de sa conduite, elle fuyoit les yeux de l'amitié ; elle redoutoit les sages conseils de sa mère. Pour chercher à distraire les maux qu'elle ressentoit, elle fit un voyage à Surville : elle revit avec attendrissement l'honnête M. Dubois et la famille Dupuis. Sa cousine la reçut avec transport ; elle n'occupoit pas son appartement, il lui étoit toujours destiné ; elle y avoit placé son portrait et chaque jour on y portoit des fleurs nouvelles.

Athanaïse y retrouva plus fortes encore les impressions qu'elle fuyoit à Clerville. A Célicour c'étoit un frère que les sentimens de la nature rendoient circonspect ; à Surville elle ne voyoit plus dans les traces de ses pas qu'un amant passionné, il lui sembloit que les meubles conservoient l'empreinte du feu qui l'animoit ; Athanaïse ne pouvoit les toucher sans se sentir brûler. Cependant elle renfermoit dans son cœur des tourmens dont elle n'auroit pu faire l'aveu sans rougir; et ses amis ne pouvoient pénétrer la cause du nuage de tristesse dont ses yeux étoient couverts : en vain cherchoient-ils à la distraire, son cœur étoit fermé à la douce joie que donne l'innocence ; mais toujours bonne et sensible, elle jouissoit encore du bien qu'elle avoit fait.

Madame de Bierville se plaisoit à lui en montrer toute l'étendue. Un jour qu'elles étoient assises sous un berceau de lilas, où Athanaïse se plaisoit, parce que là vingt fois Célicour s'y étoit assis auprès d'elle, sa cousine lui racontoit tout ce qu'elle avoit souffert avant que sa généreuse amitié l'eût tiré de la triste position où elle étoit. — Rien, rien, disoit-elle, n'étoit comparable à ma profonde misère, d'autant que j'étois forcée de la dérober à tous les yeux : je ne dissimulerai pas mes imprudences...... J'étois restée veuve fort jeune et n'ayant nulle idée de la valeur de l'argent, j'en donnois à tous ceux qui m'en demandoient ; je me laissois voler par mes valets ; car je ne croyois pas que l'on pût abuser de la confiance. Comptant trouver dans ma mère, qui jouissoit d'une fortune considérable, des ressources, j'empruntois de l'argent, et souvent lorsque je m'étois bien donné de la peine pour en trouver, un malheureux venoit me dire qu'il étoit au désespoir, que vingt-cinq louis le tireroient d'affaire : j'ouvrois mon secrétaire et les lui donnois ; puis les créanciers, à qui je les avois destinés, venoient me demander de l'argent. Je n'en avois plus ; je faisois des billets ; j'y joignois de gros intérêts ; l'échéance arrivoit : nouvel embarras. Il devint extrême : j'engageai mes diamans, mes bijoux, mon argenterie. Ma mère s'aperçut s'aperçut du désordre de ses affaires; et loin de venir à mon secours, elle me déclara qu'elle ne feroit jamais rien pour moi ; sa tendresse se changea en froideur. Mon père ne pouvoit disposer de rien. Enfin, ne pouvant plus subsister à Paris, je me retirai dans une petite ville de province : j'abandonnai mon revenu pour payer mes dettes, en ne conservant qu'une modique pension pour moi et mon fils ; mais la folle générosité, qui m'avoit été si funeste, me suivit encore dans cette retraite, et en cherchant à sauver de la misère ceux qui m'entouroient, je m'y plongeai d'une manière affreuse : bientôt je ne trouvai plus les moyens de vivre. J'écrivois à ma mère les lettres les plus tendres ; elle me répondoit des injures : enfin, quand vous m'avez vue à Paris, j'avois été forcée de vendre à vil prix tout ce que je possédois, et n'ayant aucune ressource, j'étois venu me mettre à la merci de madame de Grandprez, qui nous regardoit comme un fardeau. Souvent elle me refusoit de l'argent pour les choses les plus nécessaires ; enfin rien n'étoit comparable à mon malheur, et sans vous, ma bonne amie, je serois morte de douleur et plus encore d'ennui. Dès que nous étions seules, c'étoit des querelles continuelles ; un manque d'attention pour ses vieux généraux ou ses évêques m'attiroit les plus vifs reproches. Si des femmes de mon âge m'engageoient à quelques parties de plaisir, c'étoit encore pis, surtout si cela faisoit veiller ses domestiques ; enfin j'étois traitée, quoiqu'à trente ans, comme si je n'en eusse eu que douze. Mon pauvre fils étoit bien plus malheureux ; je l'avois élevé avec une douce liberté et je ne lui faisois pas un crime des folâtres jeux de l'enfance : chez ma mère, il ne falloit pas qu'il fît le moindre bruit ; le plus léger dérangement, un verre cassé étoit une affaire d'état. Enfin mon sort auroit été insupportable si je n'avois pas joui de la tendresse de mon père, qui s'ennuyoit autant que moi, et supportoit peut-être plus impatiemment cette contrainte éternelle. Voilà la position où j'étois réduite, prête à quitter encore Paris ; mais j'hésitois quand je me rappelois que dans ma retraite je n'étois pas certaine d'avoir tous les jours à dîner ; qu'il falloit l'attendre de la complaisance des marchands, qui se feroient bien payer de leurs avances et m'accableroient d'injures pour peu qu'à l'époque prise le paiement éprouvât le moindre retard. Souffrir, pour souffrir, je me résignois à mon sort, lorsqu'un ange est venu à mon secours.

Athanaïse sentoit tout le bonheur d'avoir tiré sa malheureuse cousine d'un si triste esclavage, et malgré les maux qu'elle souffroit, elle bénissoit le ciel de lui en avoir donné les moyens. Le bosquet où elles étoient se trouvoit à l'angle du parc, et un saut de loup pratiqué dans le mur formoit une ouverture, d'où, sans être vue, on apercevoit tout ce qui se passoit sur la grande route. Madame de Bierville, ayant cessé de parler, y porta la vue, et s'écria : Dieu ! voilà mon père, seul à pied...... que lui est-il donc arrivé ? Elle se lève, court à la grille ; Athanaïse la suit : elles l'ont bientôt joint. — Ah ! qui me procure le bonheur de vous voir ? — C'en est un bien grand pour moi, dit M. de Grandprez ; mais c'est à un événement bien triste qu'il est dû. — Quoi ? ma mère ne seroit-elle plus ? — Non, elle se porte à merveille ; mais..... — Eh ! dites donc, mon cher cousin, reprit Athanaïse ; mais venez vous reposer, vous paroissez excédé de fatigue. — Oui, je suis parti hier de Paris et suis venu ici sans m'arrêter. Ces dames le conduisirent sur le banc de gazon, où le financier conta à sa fille, que dans le temps où elle étoit si pauvre il avoit cherché à se procurer les moyens de la tirer de la misère, et de pouvoir venir s'établir ensuite avec elle dans sa retraite. J'ai emprunté alors une grosse somme d'argent ; je l'ai placée dans une entreprise, que des fripons m'avoient fait croire avantageuse. Ces gens ont fait banqueroute, et je ne puis rendre la somme que j'ai empruntée ; je me trouve le plus malheureux des hommes. —Tranquillisez-vous, mon cher cousin, dit Athanaïse, tout s'arrangera. Restez ici..... je pars dans l'instant pour Paris. Elle arrive dans la nuit, fait éveiller monsieur Bronod, prend avec lui tous les moyens de terminer cette affaire. De grand matin, elle se rend chez madame de Grandprez. Pour éviter tout éclat, elle s'engagea pour son cousin. Il étoit convenu que l'on vendroit ses charges, sa bibliothèque, ses tableaux; tout fut payé. M. de Grandprez n'avoit plus rien ; mais sa fille, grâce à Athanaïse, étoit au-dessus du besoin ; et fixant sa demeure auprès d'elle, il se trouva bien plus heureux dans cette médiocrité que dans la maison de sa femme, où il n'étoit compté pour rien. La financière, réduite à sa seule dot, peu considérable, regrettoit son nom; n'ayant plus la fortune à laquelle elle l'avoit sacrifié, elle jeta feu et flamme, accusa sa fille, son mari, et partit pour Clercé, où sa nièce, depuis son aventure de Navarre, s'étoit retirée, et y prodiguoit aux êtres assez vils pour lui prouver qu'elle avoit peu perdu de ses charmes, les richesses que l'aveugle fortune lui avoit départies. Rien ne contentoit leur avidité, et bientôt, pour subvenir à cette honteuse dépense, elle engagea tout ce qu'elle possédoit. Ses billets passèrent des mains de ses lâches complaisans dans celles des marchands, des ouvriers à qui ils devoient ; ceux-ci, créanciers de bonne foi, trouvèrent dans les lois les moyens de se faire payer, et au moment que madame de Grandprez arriva, elle vit un grand nombre de personnes assemblées dans les cours de ce magnifique château : elle crut que c'étoit une fête que sa nièce chérie lui donnoit ; mais bientôt elle voit des hommes d'une figure odieuse, plusieurs brigades de maréchaussée. Aucun domestique ne se présente. Elle descend de sa voiture avec un effroi inexprimable ; elle trouve dans le vestibule, dans le salon, des huissiers verbalisant : elle n'ose s'informer et traverse rapidement les appartemens, où régnoit le désordre et où elle entendoit à chaque pas les propos les plus insultans pour l'objet de ses plus chères affections ; enfin elle ouvre la porte de la chambre à coucher de madame de Clercé. Quel spectacle frappe ses yeux ! elle la trouve pâle, défigurée, livrée aux plus affreuses convulsions. Malade depuis plusieurs jours de la suite de sa chute et de ses excès, elle avoit été réveillée le matin par la signification de la sentence qui ordonnoit la vente de ses meubles et la saisie de tous ses biens. Cette triste nouvelle lui causa une révolution si subite, qu'elle tomba dans des convulsions terribles qui troublèrent sa raison et la menacèrent d'une fin prochaine. Sa tante ne s'approcha qu'en frémissant de son lit, où une seule de ses femmes la soutenoit. Ce fut d'elle qu'elle apprit ces funestes détails; car la pauvre Clercé ne la reconnut pas; elle poussoit des cris terribles, et ses membres se roidissoient. — Mon Dieu, mon Dieu, s'écria madame de Grandprez, ma pauvre enfant, pas un médecin, pas un confesseur, aucuns secours. Comme elle vouloit sortir pour en faire venir, madame de Clercé s'élance de son lit, la saisit par le bras, le serre avec une telle violence qu'elle ne peut lui échapper, lui adresse quelques mots sans suite et meurt. Sa main, qui conservoit encore l'impulsion convulsive qu'elle avoit reçue à son dernier soupir, serroit fortement le bras de madame de Grandprez, qui ne pouvoit le retirer, et poussoit des cris aigus. La femme de chambre s'étoit enfuie de ce lit d'horreur, et madame de Grandprez, toujours pressée de cette main glacée par la mort, faisoit d'inutiles efforts pour s'en arracher ; enfin les officiers de justice, qui étoient dans la pièce voisine, avertis par la femme de chambre, entrèrent, et la virent se débattant et paroissant agitée des mêmes convulsions qui avoient terminé les jours de la nièce. Ils parvinrent à séparer ces doigts inanimés et à rendre la liberté à madame de Grandprez, que l'on transporta dans une autre chambre, où elle se livra à toute sa douleur. Elle resta peu d'instans dans cette maison, où l'on s'occupa à peine de faire rendre les derniers devoirs à celle qui y avoit brillé si long-temps de l'éclat de ses charmes et de l'esprit, joints à une immense richesse. Madame de Grandprez se retira dans une abbaye voisine, où elle termina, peu d'années après, ses jours, sans que les prières de sa fille et de son époux, les offres réitérées de se joindre à eux pussent jamais détruire la haine qu'elle leur portoit.

Ces détails parvinrent à Surville, où les soins qu'avoient exigés les affaires de Mr. de Grandprez avoient prolongé le séjour d'Athanaïse; mais enfin elles les quitta pour aller à Clerville revoir son frère, que l'état dangereux de sa femme avoit ramené. Leur entrevue fut plus tendre que jamais; ils ne pouvoient se séparer l'un de l'autre. Williams Walmore étoit aussi de retour et amant heureux. Le spectacle de sa tendresse et de celle d'Henriette attisoit le feu qui brûloit dans le sein de Célicour, et dont sa malheureuse sœur n'étoit pas exempte. Cependant ils donnoient l'un et l'autre les plus tendres soins à Aglaé, dont la vie s'éteignoit lentement. Walmore, rappelé par la gloire, s'arracha encore des bras de sa femme, et partit pour Rochefort, où l'air empoisonné de cette contrée détruisit bientôt sa brillante santé. Dès qu'Henriette eut appris qu'il étoit malade, elle conjura sa mère de partir avec elle ; ce que madame Belton ne put lui refuser, laissant aux soins de madame Amélie l'inconsolable sir Walmore, qui voyoit dans la perte de son fils le dernier coup du sort, qui l'avoit sans cesse persécuté. Cependant les soins et l'amour rendirent à Williams la santé; mais les médecins lui ordonnèrent les bains de Barège, où sa mère et sa femme l'accompagnèrent.

M. d'Ormont avoit été obligé de faire un voyage en Bretagne pour le renouvellement des baux de ses terres. Ainsi Athanaïse se trouvoit seule à Clerville avec Célicour et sa belle-mère quand l'infortunée Aglaé succomba à une maladie de poitrine, dont tous les secours de l'art ne purent empêcher le progrès. L'effet de cet événement fut terrible ; il porta le coup le plus sensible dans l'âme de madame de Clerville, qui tomba dangereusement malade ; mais, hélas ! le cœur d'Athanaïse et celui de son frère l'étoient encore plus. Célicour écrivit au comte d'Ormont la lettre que je copie :

Lettre de Célicour au comte d'Ormont.

A Clerville, le 16 juillet 1746.

« Ils sont rompus pour jamais, ces liens que je n'eusse jamais dû former le cœur de votre ami est enfin rendu à lui-même : ne croyez pas cependant que je sois insensible au sort de cette infortunée, qui n'avoit vu que dix-huit printemps ; elle étoit mère et adorée de la sienne, une grande existence dans le monde, des goûts simples, une âme douce et calme, tout lui promettoit des jours heureux, et cependant elle est moissonnée au moment où rien de tout ce qui l'entouroit n'en pouvoit avoir seulement la pensée. Elle m'a dit des choses touchantes, mais qui ne me font éprouver aucun remords ; car il ne paroît pas qu'elle ait jamais soupçonné à quel point son existence rendoit la mienne douloureuse. Je puis le dire à présent à vous, mon ami, à vous seul ; mais rien n'a été comparable aux tourmens que j'ai endurés depuis le jour qu'Athanaïse a exigé que je m'unisse à Aglaé. Malgré tout, je le répète, il n'est rien que je n'eusse fait pour lui conserver la vie : mon fils ne sent point la perte qu'il a faite. Pour madame de Clerville, sa douleur ne peut s'exprimer. Depuis l'instant de la mort de sa fille la fièvre ne l'a point quittée, et l'a forcée de garder le lit. Athanaïse ne la quitte pas ; je suis auprès d'elle le plus qu'il m'est possible : l'image de la destruction qui m'environne me cause un sentiment d'effroi involontaire...... O ciel ! préserve ton plus bel ouvrage..... Je ne sais, un pressentiment..... Mon ami, je voudrois que vous fussiez ici ; je crois que je n'y serai pas long-temps : mon sang bouillonne dans mes veines... Athanaïse, Aglaé, que vous m'avez fait de mal..... Athanaïse, je suis libre....... je ne formerai jamais, jamais d'autres liens. Une fois j'ai eu le courage de t'obéir, sœur trop chère, trop cruelle; mais jamais.... jamais. Je suis libre, mon ami ; sentez-vous bien ce que ce mot renferme, pour un infortuné tel que moi...... Athanaïse tu l'es aussi..... Mon cher comte, rien entre nous, plus d'égards, plus de fausseté; car une marque de tendresse pour une autre que pour Athanaïse seroit un parjure..... Mon ami, je suis libre à présent ; pardonne, pauvre Aglaé, pardonne; mais tu es descendue dans la tombe te croyant aimée; je l'ai dit; mais à présent je suis libre, venez, mon ami, j'ai besoin de vous, etc. »

Lettre du comte d'Ormont à Célicour.

A Ormont, le 26 juillet 1746.

« Que votre lettre m'a affligé, mon ami ; le désordre qui y règne est vraiment effrayant. Que peut faire à votre sort cette liberté, dont vous vantez tant les charmes ? n'êtes-vous pas toujours le frère d'Athanaïse ? et en perdant une femme aussi douce que vertueuse, je ne vois qu'un malheur pour vous et rien qui puisse améliorer votre sort. Ma nièce est votre sœur, vous n'en pouvez douter : tout dans la nature s'oppose à votre union. Calmez donc une imagination qui feroit votre supplice et porteroit le désespoir dans son âme, si elle pouvoit s'en douter. Partagez avec elle les soins que demande de vous votre fils ; livrez votre cœur à toute la tendresse d'un père, et il s'y trouvera moins de place pour l'amour. L'amour ! quel mot ai-je osé prononcer ? Célicour, de l'amour pour sa sœur ! grand Dieu ! quel délire ! Non, non, votre imagination vous égare ; non, mon ami, je ne croirai jamais.....Mais si ce malheur pouvoit exister, partez sans attendre un seul jour ; ne revenez auprès d'elle que quand vous serez digne de lui offrir un encens aussi pur que son cœur ; mais, je vous le repète, je n'y crois pas, et j'espère sous huit ou dix jours vous retrouver plus calme et plus heureux, etc. »

Lettre de Célicour au comte d'Ormont.

A Clerville, le 6 septembre 1746.

« Partir, oui, je le sais bien, c'est tout ce que je devrois faire ; mais je ne le puis ; une force irrésistible me tient ici, m'y enchaîne. Mais, dites-moi donc, depuis deux ans j'ai toujours vécu près d'elle, et jamais je n'ai éprouvé ce qui fait à présent le charme et le tourment de ma vie. Quelle différence entre les devoirs réels et ceux de convention ? j'avois promis; quelqu'insensé qu'ait été mon serment, j'y ai été fidèle ; mais ces nœuds sont rompus, et me reportant aux premiers auteurs de nos jours, je ne vois pas que la nature...... Ah! qu'allois-je écrire? non, je suis un infortuné dont la raison s'égare ; ayez pitié de moi.... Je partirai ce soir..... oui, ce soir...... demain ce seroit peut-être trop tard...... mais, non, je ne puis partir, madame de Clerville est à toute extrémité ; je ne puis la quitter. Ah! monsieur, venez, je vous en conjure, etc. »

Tandis que Célicour étoit proie à tous les tourmens d'un amour criminel, la contrainte qu'il s'imposoit fit croire à sa sœur qu'il ne l'aimoit plus ; elle s'en plaignit à son amie dans la lettre dont je vais donner copie.

Lettre d'Athanaïse à mistriss Belton.

Clerville, le 18 juillet 1746.

« Mon amie, reviendrez-vous bientôt ? j'ai besoin de vous, et je ne puis confier à la poste les nouveaux chagrins que j'éprouve. Walmore alloit si bien, à ce que me mandoit sa femme ; je ne vois pas pourquoi vous ne les ramèneriez pas ici tous deux : sa convalescence sera plus prompte auprès de son respectable père. Est-ce qu'il prendra les deux saisons des eaux ? Revenez, mes amis. Depuis la mort de ma belle-sœur, j'éprouve une solitude effrayante : sa mère va la rejoindre, je n'en puis douter au dépérissement de sa santé. Je partage les soins de mon frère ; elle y est infiniment sensible : elle me recommande son petit-fils d'une manière si touchante, que chaque jour je m'attache de plus en plus à elle, et je sens que sa mort sera un chagrin violent pour moi.

« Célicour est d'une tristesse qui me prouve bien que s'il paroissoit quelquefois moins tendre avec celle qui portoit son nom, c'étoit par délicatesse pour moi ; et au fait, pourquoi ne l'auroit-il pas aimée ? jeune et jolie, l'aimant tout autant qu'elle pouvoit l'aimer, mère de son fils ? Ah ! oui, mon amie, il l'aimoit bien, bien tendrement..... Mais pourquoi m'écrire le contraire ? ah ! tous les hommes sont donc faux, dès que Célicour l'est ? Mon Dieu, je craignois que sa mort n'eût un effet plus inquiétant pour moi. Mais, ô insensée que j'étois, Célicour ne se souvient pas seulement que nous

nous sommes aimés de l'amour le plus tendre; il est tout entier à ses regrets; toujours seul il semble m'éviter, et toujours je surprends les larmes qui bordent ses paupières. Ah ! il fut un temps où il en versoit sur moi ; mais ce temps n'est plus; je suis sa sœur, cela doit me suffire ; mais il a perdu le plus cher objet de son affection ; je ne puis lui rendre le bien qu'il regrette, il sera sans cesse malheureux. Oh! s'il a pu si promptement oublier qu'avant que je fusse sa sœur il m'aimoit, il oubliera bientôt Aglaé et d'autres amours. Ah Dieu ! une autre rivale, une autre que je ne lui aurois pas donnée, une autre qu'il auroit choisie lui-même; mon amie, sentez-vous quel malheur! Ah ! je ne le reverrois de ma vie : j'emporterois son fils ; oui, c'est le mien, il me l'a donné, et sa malheureuse mère en mourant l'a remis entre mes mains;

j'emporterai son fils et son portrait, j'irai dans un lieu inconnu au reste des humains pleurer sa cruauté et ma foiblesse. Non, rien n'égale ma douleur ; le jour où je m'arrachai à lui j'étois moins infortunée. Ainsi jugez, mon amie, si j'ai besoin de vous ; amenez-moi promptement vos enfans, que je vous voie tous, que je m'entoure de vous, etc. »

Leurs amis furent effrayés de ce délire ; cependant la vertu d'Athanaïse les rassuroit, et s'ils désiroient de se trouver près d'eux, c'étoit plutôt pour les consoler des combats qu'ils avoient à soutenir que dans la crainte qu'ils n'y succombassent.

Athanaïse auroit trouvé près de sa mère les forces pour vaincre cet état inconcevable, qui la conduisoit au bord de l'abime ; mais madame de Clerville étoit mourante; pouvoit-elle lui enlever la consolation de voir l'enfant de sa fille jusqu'u dernier moment, en l'emmenant avec elle à Célicour ? pouvoit-elle l'abandonner à d'autres mains en le laissant à Clerville ? Ah ! disons mieux, ces prétextes servoient sa passion, et elle en avoit besoin pour se justifier à elle-même l'imprudence de sa conduite; d'ailleurs elle étoit persuadée que son frère ne l'aimoit plus, et ils se fuyoient l'un et l'autre, quoiqu'habitant la même maison. Ils ne jouissoient plus du charme d'une société qui avoit fait leurs délices pendant tant d'années ; ce n'étoit qu'aux heures du repas qu'ils se trouvoient seuls, encore n'étoit-ce que dans l'instant où les gens se retiroient. Athanaïse, qui croyoit qu'elle ne pouvoit être d'aucune utilité à son frère, dont la douleur paroissoit croître chaque jour, sortoit de table le plutôt possible et passoit dans l'appartement de la malade.

Un jour qu'elle trouva madame de Clerville endormie, elle n'entra pas dans sa chambre et passa dans son appartement. Elle avoit toujours conservé le portrait de Célicour, dont nous avons parlé au commencement de ces mémoires, et personne, excepté mistriss Belton, n'en connoissoit le secret; elle le portoit toujours avec elle, et comme il étoit en pastel, les voyages qu'elle lui avoit fait faire en avoient altéré quelques traits, elle voulut le retoucher, en pensant que personne ne viendroit la troubler dans sa retraite; car Célicour ne s'étoit jamais permis d'entrer dans sa chambre, et dans le trouble où elle étoit, elle avoit oublié de fermer sa porte. Elle eut bientôt réparé cette image chérie, et la revoyant plus ressemblante qu'elle n'avoit jamais été, son imagination adressoit à ce portrait tout ce qu'elle n'eut osé dire à son frère: son délire étoit tel, qu'elle parloit assez haut pour être entendue. — Cruel, lui disoit-elle, pourquoi as-tu changé? que t'ai-je fait? m'accuserois-tu de ta douleur? Le ciel m'est témoin que je n'ai aucun reproche à redouter, Aglaé a toujours ignoré combien je t'adorois, et s'est endormie dans la nuit éternelle avec la certitude d'être aimée; ah! elle devoit l'avoir, car tu lui as reporté toutes tes affections, tu n'aimois plus ta pauvre Athanaïse. Faux et trompeur, comme tous les hommes, tu ne répondis que par pitié à la lettre que j'avois eu l'imprudence de t'écrire : de ce moment j'ai perdu jusqu'à ton estime, ta froideur a puni jusqu'à ma foiblesse. Malheureuse que je suis, je n'oserois me plaindre, et Célicour ne m'aime plus! J'en mourrai de douleur. — Non,

non, idole de ma vie, tu ne mourras pas, s'écria Célicour qui venoit de l'entendre, si ce n'est que la perte de mon amour qui peut te conduire au tombeau; moi, cesser de t'aimer quand je brûle pour toi de tous les feux de l'amour! quand je meurs de la contrainte que tes vertus m'imposent! Athanaïse ne pensoit point à l'interrompre. Désespérée de ce que son frère avoit surpris l'aveu de sa tendresse, elle cherchoit à le fuir, à se dérober à la honte qu'elle éprouvoit; mais il la retenoit dans ses bras, il la serroit contre son cœur, il couvroit ses mains des baisers les plus ardens. Un torrent, que des digues puissantes ont retenu long-temps, ne fait, en les brisant qu'acquérir plus de forces; ainsi les transports de Célicour, que la réserve d'Athanaïse avoit contenu depuis l'instant qu'il l'avoit aimée, ne connurent plus de bornes; c'étoient tous les feux de l'amour : raison, vertus, respectables préjugés des liens de la nature, tout est oublié ; il ne voit plus sa sœur, il ne voit plus que l'amante adorée dont pour la première fois il osoit presser les charmes. Athanaïse éperdue, ne luttant qu'avec peine contre elle-même, ne pouvoit résister à son frère ; elle le prioit, le conjuroit de ne pas l'entraîner dans l'abîme, l'assurant que sa mort suivroit aussitôt. Célicour n'entendoit rien, son sang bouillonnoit dans ses veines ; son délire est à son comble : encore un moment, il est le plus coupable des hommes. Mais, ô terreur ! il ne sent plus de résistance ; ces bras, qui le repoussoient, tombent sans mouvement ; cette bouche, qui évitoit l'ardeur de ses profanes baisers, est décolorée ; ces yeux, où il voyoit briller à la fois la craintive volupté et l'horreur du vice, sont éteints et couverts des ombres de la mort ; ce cœur qui palpitoit de désir et de crainte est sans battement. Effrayé, que dis-je ? anéanti par cet affreux spectacle, le froid mortel de sa sœur a passé dans ses veines, et plus mort qu'elle-même, il peut à peine la soutenir. Que va-t-il devenir ? il voit toute l'horreur de son sort, il se juge en un instant ; il a honte de lui-même, il voudroit se cacher aux yeux de l'univers entier ;.... mais abandonnera-t-il celle qui respire peut-être encore ? Furieux, désespéré, il l'appelle à grands cris, et elle n'entend plus sa voix ; mais ces accens du désespoir pénètrent jusqu'à l'appartement de madame de Clerville, dont les femmes accourent. Dès qu'il entend venir, dès qu'il aperçoit des êtres, qu'il croit devoir lire ses remords sur son front, il voudroit que la terre s'ouvrît pour l'engloutir, il s'écrie : elle est morte et c'est moi qui l'ai tuée ! Cependant on s'approche, on l'arrache de ses bras; toute la maison accourt aux clameurs des femmes de madame de Clerville : on place Athanaïse sur son lit. Célicour, les yeux fixes, la considère avec tous les symptômes du désespoir. Cependant on fait partir un homme à cheval pour avertir madame Amélie ; et tandis qu'on va porter la douleur dans l'âme de cette mère si tendre, on cherche les moyens de rappeler à la vie son incomparable fille. Célicour n'a cependant point changé de situation, il semble qu'un pouvoir surnaturel l'attache près de ce lit funèbre, et il n'avoit pas encore proféré une seule parole, ni fait le moindre mouvement que madame Amélie étoit déjà entrée dans cette maison, où les cris et les pleurs de tout ce qui l'habitoit lui firent craindre d'être arrivée trop tard, quelque diligence qu'elle y eut mis; car elle étoit venue en croupe sur le même cheval de celui qui l'avoit avertie et lui avoit ordonné d'aller à toutes jambes. Cette mère se précipite sur le corps inanimé de sa fille, et soit que la nature dût réparer les malheurs de l'amour, soit que ce long évanouissement cédât enfin à tous les remèdes qu'on avoit employés, elle sent son cœur palpiter. Elle vit ! s'écria-t-elle.— Elle vit ! dit Célicour, en tombant sur ses genoux, elle vit ; grand Dieu conserve-la, et il retombe dans le morne silence où il étoit un moment avant. Cependant on ne pense plus qu'au moyen de conserver cette étincelle de vie qui a ranimé l'espoir de tout ce qui est auprès d'elle; mais s'il est certain qu'elle existe rien ne peut encore lui rendre le mouvement ni la connoissance. Madame Amélie la tient serrée contre son sein, la réchauffe de son haleine. Cependant les médecins, qui venoient chaque jour pour madame de Clerville, arrivent. Ils jugèrent l'état d'Athanaïse très-dangereux ; le battement du pouls se faisoit sentir, mais il annonçoit le plus grand désordre dans tout son être ; ils déclarent qu'il ne peut y avoir que la maladie la plus grave qui puisse commencer par une crise aussi violente ; mais qu'on peut cependant espérer de sa jeunesse et de la bonté de son tempérament. Ils n'avoient pu juger la cause ; mais l'effet ne fut que trop conforme à ce qu'ils avoient prédit ; une fièvre ardente succéda à cette immobilité. Athanaïse ouvrit les yeux, mais sans reconnoître aucun des objets qui l'environnoient ; des mouvemens convulsifs se joignirent aux ravages de la fièvre, qui eut dès les premiers momens tous les caractères de malignité.

Cependant madame Amélie, qui chérissoit Célicour comme son fils, cherche à le rassurer et à l'empêcher de se livrer au désespoir qui est peint dans ses yeux ; mais c'est en vain. On le le force de s'asseoir ; il y consent, pourvu que ce soit au pied du lit de celle pour qui il donneroit mille fois sa vie : rien ne peut l'en arracher. On ne put cacher à madame de Clerville, qui avoit entendu beaucoup de mouvement, le sujet qui l'avoit occasionné ; d'ailleurs elle ne voyoit plus Athanaïse. A l'idée du danger de cette femme céleste, elle oublie le sien, et contraint ses femmes à la porter dans la chambre de son amie, qui, la prenant pour Aglaé, se lève sur son séant et lui dit : Ma sœur, vous venez me chercher, je vous suis : vous savez que je ne suis point coupable ; c'est lui qui l'est. Aglaé, ma chère Aglaé, j'ai voulu votre bonheur au dépens du mien. Madame de Clerville ne put soutenir ce triste spectacle, et déjà affoiblie par sa cruelle maladie, elle tomba évanouie dans les bras de ses femmes, qui la reportèrent dans son lit, où elle expira peu d'heures après. Célicour, insensible à tout ce qui n'étoit point Athanaïse, ne parut point ému de la mort de cette mère infortunée, qui suivit de près sa fille au tombeau, et il fut impossible de le déterminer à quitter la chambre de sa sœur pour rendre à la mère d'Aglaé les derniers devoirs.

Quarante jours se passèrent sans que les médecins donnassent aucune espérance, et sans que le délire cessât un seul instant; enfin le quarante-deuxième jour la fièvre se calma, et Athanaïse commençoit à avoir quelques idées distinctes. Si elle ne reconnoissoit pas encore sa mère, elle la préféroit aux femmes qui la servoient ; c'étoit toujours avec une sorte de complaisance qu'elle prenoit d'elle ce qu'on lui offroit plutôt que de toute autre. Quelfois elle lui prenoit la main et lui disoit : Toi, je t'aime ; mais celui-ci, que fait-il là ? ne me laisse pas seule avec lui, il me feroit du mal ;..... mais toi, tu m'aimes, tu ne me quitteras plus. Ces mots perçoient l'âme de Célicour ; ils lui rappeloient toute l'horreur de sa conduite et commençoient à la faire soupçonner à madame Amélie, à qui on avoit rapporté ce que Célicour avoit dit à l'instant où l'on étoit venu au secours d'Athanaïse, *elle est morte et c'est moi qui l'ai tuée*. Mais elle étoit trop prudente pour paroître en pénétrer le sens ; d'ailleurs il étoit plongé dans une si profonde douleur que c'eût été une cruauté d'y ajouter ; au contraire elle tâchoit de le consoler, de le calmer, de lui faire entrevoir le retour de la santé de celle qui leur étoit si chère. — Ah! qu'elle vive, disoit-il, mais moi je mourrai. Cependant les médecins assurèrent qu'il n'y avoit plus rien à craindre pour sa vie, que le dérangement de ses idées n'étoit plus l'effet de la fièvre, mais du violent ébranlement qu'elle avoit causé dans le cerveau, qui, se calmant peu-à-peu, la mettroit sous peu de jours en parfaite convalescence ; mais qu'il falloit éviter tout ce qui pouvoit lui occasionner la moindre secousse, parce qu'elle lui feroit perdre pour jamais la raison. Amélie ne put dans cet instant se défendre de jeter un coup d'œil sur Célicour, qu'il n'entendit que trop : il sortit avec les médecins et ne revint plus.

Athanaïse, après un léger sommeil, appela sa mère qui étoit assise auprès d'une croisée. — Je vous revois enfin, lui dit-elle. — Mon enfant, je ne t'ai pas quittée. — Cela peut être ; mais je ne vous voyois pas. Oh ! ma mère ne m'abandonnez pas, et surtout empêchez que personne n'approche de mon lit.... personne, vous m'entendez bien.... je ne veux plus voir que vous...... Il est donc parti ?..... — Qui ? — Vous savez bien ; écrivez-lui que je ne suis pas morte...... Et son fils, où est-il ?..... je veux bien le voir aussi..... l'enfant, pas le père : je vivrai pour l'élever..... Ma mère, ne me demandez jamais la cause de ma maladie..... je ne la dirai point. Mais ne pourrois-je pas voir mon neveu? —Tu es encore bien foible, ma chère petite ; les médecins ont recommandé que l'on évitât tout ce qui pourroit te faire éprouver la plus légère émotion. — Ma mère, ils ne savent rien, personne dans la maison n'a pénétré cet affreux mystère. — Personne, mon enfant. — Il mourra avec moi...... Ma mère, est-il parti ? Madame Amélie hésitoit dans sa réponse ; elle craignait que l'une ou l'autre ne lui causât une révolution dangereuse. — Oh ! il n'aura pas sans doute quitté cette maison sans me savoir hors de danger..... Mais, ma mère, il est encore ici ? — Oui, puisque tu veux le savoir. — Eh bien ! allez lui dire que je ne mourrai pas encore ; mais qu'il parte, que je l'aimerai toujours, mais que je ne le reverrai jamais... que sa présence me tueroit, et qu'il faut que je vive pour vous, ma mère, et pour son fils ;..... allez, ma mère, allez tout de suite ; s'il partoit sans que vous lui eussiez dit que je l'aime toujours, il seroit trop malheureux ; s'il entroit dans ma chambre je mourrois. Madame Amélie se leva et sortit sans savoir ce qu'elle devoit faire ; son cœur étoit déchiré ; elle ne savoit jusqu'où Célicour avoit porté l'outrage, mais elle ne pouvoit douter qu'il ne fût infiniment coupable. Cependant elle traversoit une galerie qui communiquoit de l'appartement de sa fille à celui de Célicour, elle l'aperçoit qui venoit à elle : son abattement, le changement affreux dont il étoit accablé ne lui laissoient d'autre désir que de le consoler. — J'allois chez vous, mon fils, de la part d'Athanaïse. Il s'arrêta tout à coup. — De la part d'Athanaïse ?.... elle me pardonne ? — Elle fait plus, mon ami, elle me charge de vous dire qu'elle vous aime ; mais....... — Elle m'aime ? non, madame c'est impossible ; je suis un monstre. — Mon fils, je ne veux point savoir ce qui a causé le trouble où vous êtes et la maladie de ma fille, vous devez savoir qu'il est des choses qu'une mère doit ignorer ; mais la gloire de ma fille m'est chère. Quelques soient vos torts envers elle, la prudence peut encore les réparer; rien ne transpire ici de ce funeste secret, qui n'a pas échappé à la malheureuse Athanaïse dans la plus grande violence de son délire, il ne tient qu'à vous qu'il soit à jamais enseveli. Elle ne veut point vous voir ; les médecins ont ordonné qu'on évitât avec le plus grand soin les plus légères émotions qui pourroient pour jamais lui ravir la raison : la seule chose importante est que l'on ne pénètre pas la cause de votre départ ; la guerre vous fournit un prétexte plausible, la campagne n'est pas finie et votre congé expire. Paroissez donc avoir reçu des ordres précis, dites que votre régiment va marcher et que vous ne pouvez vous dispenser de vous y rendre ; le reste me regarde. J'espère que vous voudrez bien vous conformer sur celà à mes avis, et plus encore aux volontés de votre sœur. — Je vous en donne ma parole, madame; mais il faut que je la voie encore avant de m'éloigner d'elle pour jamais ; car vous devez bien croire que c'est la mort que je vais chercher. — Je crois, mon fils, qu'il est de la prudence de vous éloigner pour quelques années ; mais pour toujours je suis bien sûre qu'Athanaïse n'y consentiroit pas, et le temps détruit.... — Non, non, madame.... je partirai....... mais je veux la voir. — C'est impossible, mon cher fils, je ne puis y consentir. — Je resterai encore deux jours, je veux être sûr qu'il n'y a plus de dangers, et je vous demande, au nom de votre tendresse pour la plus respectable des femmes, de saisir un instant où le sommeil fermera ses yeux, pour que je puisse entrer un seul moment chez elle, considérer encore ces traits qui ont fait le charme et le tourment de ma vie; l'entendre respirer.... Madame Amélie ne crut point devoir lui refuser cette dernière grâce, et après lui avoir promis cette faveur, elle alla rejoindre sa fille. — Vous venez de le voir, que vous a-t-il dit? — Qu'il exécuteroit tes ordres. — Il ne vous a rien dit de plus? — Rien. — Ah! je le crois, comment oseroit-il...... mais vous le reverrez avant qu'il parte; dites-lui encore que je lui ordonne de vivre, que sa mort seroit l'arrêt de la mienne, et que deviendroit son fils? — Je lui dirai, je te le promets, mais calme-toi, ma chère Athanaïse, songe aux tourmens que j'ai soufferts pendant ta longue et cruelle maladie. — Ah! je vous ai toujours fait répandre des larmes, ma vie fut un malheur pour vous; mais je vous jure que je vous consacre ce qui m'en reste et que ce n'est que dans votre sein que je pourrai trouver quelque repos. Mais, n'a-t-on point de nouvelles de mon oncle, de mon amie ?... — Je leur ai caché le danger de ton état; j'ai cherché des prétextes pour qu'ils ne fussent pas surpris de n'avoir point de tes lettres. Je leur ai écrit qu'un accident, qui n'avoit rien de grave, ne te permettoit pas de te servir de ta main : ils l'ont cru; mais le commencement de l'automne les ramènera. — Si je pouvois goûter encore quelques plaisirs, j'en aurois beaucoup à les revoir ; et madame de Clerville, comment va-t-elle ? — Toujours bien souffrante, (elle ne crut pas devoir lui dire que son sort étoit terminé). — N'a-t-elle pas été bien inquiète de moi ? — Tu sais qu'elle t'est bien attachée. — Dès que je le pourrai, je me ferai transporter dans son appartement. C'est ainsi que cette amie si tendre, malgré les maux qui la déchiroient, conservoit pour ses amis une douce bienveillance. Et madame Dupuis? — Elle est à Célicour, où je n'aurois pu laisser sir Walmore seul; elle a confié ses petites filles à ta cousine, et elle me remplace auprès de ce digne vieillard; chaque jour elle vient ici passer quelques heures dans ta chambre, mais jusqu'à présent tu ne l'as pas reconnue. — Oh! ma mère, pardonnez à ma foiblesse et ne cherchez pas à en pénétrer la cause. Mais dites-lui que je ne pourrois la voir dans ce moment, peut-être en aurai-je la force avant son départ pour Surville. Ah! ma mère, que ta fille est malheureuse! Amélie la pressoit contre son sein et ne vouloit pas hâter, par des questions indiscrettes, une explication qui pouvoit être dangereuse dans l'état de foiblesse où elle étoit encore; mais elle lui promit que personne n'entreroit dans sa chambre.

Cependant Célicour, livré à toutes les horreurs du remords, ne pouvoit supporter son existence, et espéroit bien la finir dans la première affaire où il se trouveroit ; il n'en tenoit pas moins fortement au désir de revoir encore Athanaïse. Madame Dupuis arriva de Célicour. Amélie sortit pour la recevoir et lui dit que les médecins avoient absolument défendu que personne n'entrât dans la chambre de la malade, que même son frère n'en avoit pas la permission, et que ce n'étoit qu'à cette condition qu'ils répondoient de sa vie. Elle étoit trop chère à madame Dupuis pour qu'elle insistât, et après avoir passé quelques momens avec madame Amélie, elle prit le chemin de Célicour, en priant la mère de son amie de la faire avertir lorsqu'elle pourroit la voir sans danger.

Amélie cherchoit à remplir la promesse qu'elle avoit faite à Célicour, sans exposer sa fille. Elle exigea que toutes les femmes qui la servoient, et qui toutes vouloient passer la nuit, tant elles lui étoient attachées, iroient se coucher. Elle leur dit qu'elle resteroit seule auprès d'Athanaïse, qui s'endormit entre onze heures et minuit. Quand Amélie vit que son sommeil étoit profond, elle éteignit les bougies et ne laissa que la lampe de veille allumée; puis prenant un bougeoir, elle se rendit dans l'appartement de Célicour: elle le trouva debout, tenant dans ses mains le portrait de sa sœur; ses lettres étoient sur une table; il avoit les cheveux en désordre et le regard sombre et farouche : tout peignoit les tourmens de son âme. Il s'inclina respectueusement quand madame Amélie entra. — O vous, dit-il, que je révère comme ma mère, qui peut égaler vos bontés ? croyez que mon cœur, malgré les furies qui l'habitent, sent encore le prix de votre tendre pitié...... Je vais donc la voir une fois, une seule fois et mourir. — Oui, vous allez la voir, mais elle vous ordonne de vivre, elle l'ordonne au nom des maux dont vous avez empoisonné sa vie ; et parce qu'elle m'a déclaré qu'elle ne vous survivroit pas, j'exige plus en reconnoissance de ce que je fais pour vous, c'est que vous ne soyiez jamais deux mois sans m'écrire, afin que je puisse l'assurer de votre existence, sans laquelle je ne répondrois pas de la sienne. — Ah ! madame, seroit-il possible qu'après mon crime elle me conservât un si tendre intérêt ? Puisque vous l'exigez, je vous le promets. Mais hâtons-nous de profiter des momens où je puis entrer chez elle sans l'exposer.

— Vous saurez commander à l'excès de votre douleur ? — Je vous jure de la concentrer dans mon cœur. Ils traversèrent, en suspendant leurs pas, ces vastes appartemens où régnoit le silence le plus profond. Madame Amélie ouvre doucement la porte de la chambre de sa fille, s'approche du lit pour s'assurer si elle n'est pas éveillée. Célicour attendoit avec un frémissement qu'on ne peut exprimer. Elle lui fait signe d'approcher. Cette foible lueur, qui laissoit à peine entrevoir les objets, la pâleur extrême de sa sœur, le glacèrent d'effroi : un souffle léger d'abord le rassure ; ses traits étoient calmes et le sourire erroit sur ses lèvres. Il étoit tombé à genoux auprès de son lit. Elle prend sa main, la serre dans les siennes.
— Non, mon ami, ne t'afflige pas, je suis toujours ton Athanaïse ; as-tu pu craindre mon inconstance ? qu'importe

le

le rang et la fortune ; n'es-tu pas toujours l'ami de mon cœur ? mais pourquoi sembles-tu hésiter ? ah ! tu n'as jamais connu ton Athanaïse : quittons ces contrées, il en est...... Célicour tu me fuis. Dieux ! c'est ma mère qui t'emmène ! ah ! je te suivrai....... Mais, que vois-je ? l'autel est préparé ! Barbare ! est-ce encore à un autre que tu promets ta foi ?....... et qui pourroit t'aimer comme je t'aime ? Non, non, je suis à toi, tu ne peux te donner qu'à ton Athanaïse..... Ma mère, ma mère, laissez-moi suivre le penchant de mon cœur.... que m'importent les préjugés ; j'en ai été la victime avant de naître, ils me conduiroennt dans la tombe..... Ah ! je te revois ; viens. Elle se soulève et étend les bras. Célicour, hors de lui-même, n'osoit répondre, n'osoit à peine respirer ; il croyoit quelquefois que le délire égaroit encore celle qu'il adoroit ; mais cependant il ne put douter que le sommeil n'enchaînât ses sens et qu'un songe trompeur l'égarât. Madame Amélie se repentoit déjà de sa complaisance, elle craignoit que le réveil de sa fille ne vînt à cet instant et ne lui causât une révolution mortelle ; elle veut entraîner Célicour, mais il ne peut s'arracher du lit qui renferme tout son bien. Il écoute, il croit qu'elle va lui parler encore d'un amour qui lui cause tant de peine, mais qui est devenu son être ; elle retombe et le sommeil le plus profond et le plus calme succède à cette agitation. Célicour, assuré qu'elle vit et qu'elle l'aime, cède enfin aux ordres de madame Amélie, et sans proférer un seul mot, car il n'en étoit point qui pussent exprimer les sentimens de son âme, sort de cette chambre, où il laissoit la moitié de lui-même. Amélie le suit jusqu'à la galerie, où elle lui réitera l'ordre de vivre, et revint près du lit d'Athanaïse, qui se réveilla peu d'instans après. — Mon Dieu, dit-elle à sa mère, que l'imagination s'égare pendant le sommeil; je croyois en songe que j'allois épouser Célicour, et que les lois ne s'opposoient pas à notre union. Ah! que j'étois heureuse; car je l'aimerai jusqu'à mon dernier soupir; il partageoit mes transports, je lui serrois les mains, et il me semble encore à mon réveil en sentir l'impression. Ce songe a fait passer dans tout mon être un baume salutaire qui m'a rendu les forces. Je me sens infiniment mieux : je verrai son fils aujourd'hui, n'est-ce pas? il n'y a plus de danger pour lui. Il faudra faire brûler des pastilles, ouvrir les fenêtres; je pourrois bien me faire porter sur la terrasse. Sa mère, ravie de la voir aussi bien, étoit au comble de la joie ; elle lui promit qu'elle verroit son neveu ; mais comme elle ne savoit pas si Célicour étoit encore parti ; elle ne voulut point qu'elle sortît de chez elle, dans la crainte qu'elle ne le rencontrât : ainsi elle s'y opposa en disant qu'il falloit ne rien précipiter.

Dès que les femmes d'Athanaïse furent levées, elle engagea sa mère à aller se reposer, et madame Amélie, qui avoit en quelque sorte perdu l'habitude du sommeil, au lieu de se coucher, descendit dans le jardin. Célicour l'y aperçut et vint la joindre. — Comment va-t-elle ce matin ? — Infiniment mieux, mon fils ; je la regarde à présent comme en parfaite convalescence. — Mes malheurs ne sont donc pas à leur comble, et je n'aurai pas le remords déchirant..... Il s'arrêta et remit à madame Amélie une lettre pour le comte d'Ormont. — Donnez-la lui,

je vous prie à son arrivée ; il verra dans ce triste écrit et mon crime et mon repentir...... Adieu, madame, je pars.... J'ai fait conduire ma voiture à la grille du parc, afin que le bruit des chevaux et des roues ne vînt pas frapper celle que je quitte pour jamais. J'ai pensé que, même en ordonnant mon exil, il en coûteroit à son cœur d'être instruite du moment qui nous sépare ; que rien ne trouble son repos.... puisse-t-elle au moment où la douleur finira mon existence, n'avoir de moi qu'un léger souvenir, afin que ce coup, que je ne hâterai point puisqu'elle me le défend, ne lui fassent pas éprouver des regrets éternels ! puisse mon fils mériter sa tendresse ! Je n'oublierai jamais, madame, vos bontés ; je vous laisse dépositaire de tout ce que j'aime ; adieu.
Madame Amélie ne put retenir ses larmes, elle le serra tendrement dans

ses bras et le pria de ne pas tarder à lui donner de ses nouvelles. Dès que Célicour l'eut quitté, elle se livra à toute la sensibilité que son sort lui faisoit éprouver. — Hélas! sans mes malheurs, disoit-elle, Célicour n'en auroit pas connu; élevé avec sa sœur, il n'eût point pris pour elle ce sentiment cruel qui a pour jamais détruit son repos et celui de ma fille. Epoux trop cruel, sans tes injurieux soupçons, les maux qui accablent tes enfans n'auroient jamais existé. Pardonne si je trouble ta cendre; mais je suis mère et mon cœur est déchiré. En vain voulut-elle, après s'être retirée chez elle, se livrer au sommeil, il lui fut impossible; d'ailleurs, loin d'Athanaïse elle ne pouvoit exister. Revenue près d'elle, elle la trouva dans la situation la plus calme; les médecins assurèrent qu'elle ne pouvoit être dans un état plus satisfaisant, qu'il n'y avoit plus que les forces à revenir. Elle parla de son neveu, de madame de Clerville. On la pria de se contenter pendant huit jours encore de la société de sa mère ; elle y consentit. Elle ne prononçoit pas le nom de Célicour, mais ses regards se portoient toujours sur la route qui conduisoit à son château, où elle l'avoit vu tant de fois ; il lui sembloit qu'elle l'y apercevoit ; elle se penchoit sur son lit, puis elle mettoit les mains sur ses yeux, dont les paupières étoient humides.

Madame Amélie avoit reçu des lettres d'Ormont et de Barège, qui lui annonçoient le retour de son frère et des amis de sa fille. Elle ne savoit pas si cette dernière voudroit les recevoir, car elle ne persistoit qu'à demander son neveu et madame de Clerville, dont peu après on lui apprit la fin. —Qu'elle est heureuse, s'écria-t-elle, la douleur a terminé ses jours, et moi, infortunée...... pardon, ma mère..... mais tu ne sais pas tout ce que je souffre, tu ne le sauras jamais. Madame Amélie la voyant retomber dans sa profonde mélancolie, crut que la présence de son neveu pourroit faire une heureuse diversion, elle fut la première à lui en parler. — Oh! oui, amenez-le moi; mais amenez-le moi seul, et qu'aucune femme ne l'accompagne. Depuis quelque temps, elle ne vouloit plus qu'il entrât chez elle que Julie, dont l'attachement pour sa maîtresse étoit si tendre qu'on l'eût pris pour sa sœur. Madame Amélie se hâta d'aller chercher l'enfant. Il étoit vêtu de noir, et craignant que cela ne frappât l'imagination encore foible d'Athanaïse, elle lui fit mettre une robe de mousseline : il avoit près de deux ans et étoit d'une charmante figure. L'enfant suivit sans chagrin sa bonne amie, c'étoit ainsi qu'il appeloit Amélie. Athanaïse, aussitôt que sa mère fut sortie pour aller chercher le petit Célicour, avoit voulu se lever, et Julie avoit été forcée d'y consentir. Dès qu'elle entendit ouvrir la porte, elle vint au-devant de lui, et pouvant à peine se soutenir, elle s'assit sur un carreau. L'enfant, qui la reconnut, se jeta dans ses bras, et passant ses petites mains sur ses genoux, la caressoit et s'efforçoit à lui témoigner sa joie. — Te voilà donc, maman; il l'avoit toujours ainsi nommée; les autres mamans ne sont plus ici; papa est parti aussi, et toi ne pas t'en aller? — Non, non, petit, non, je resterai pour toi. — Pas t'en aller, je t'en prie, je t'aime bien; tiens, voilà mes joujoux, et il jette sur sa tante son tambour et d'autres jouets. Joue, maman, ne pleure pas....... car les pleurs inondoient les joues de la pauvre Athanaïse, et c'étoit les premières qu'elle avoit versées et il les essuyoit avec sa robe. — O mon fils, mon cher fils, disoit Athanaïse, je vivrai pour toi, pour te rendre digne de ton père....... et elle le couvroit de baisers.

Ma mère, rendez-moi un service; il y a long-temps que j'avois ce projet; mais il étoit impossible, dans l'ordre des choses qui nous environnoient; laissez-moi mon enfant ; dites à mon régisseur de compter avec les femmes qui l'entouroient, de leur payer ce qui leur est dû, de faire à chacune un contrat de trois cents livres de rente perpétuelle, payable en bled, pour leur récompense, qu'il leur dise que je n'ai plus besoin d'elles. Faites, je vous prie, apporter son berceau dans ma chambre, il ne me quittera plus. — Je coucherai avec toi, maman? — Oui, mon petit, et un doux sourire anima les traits de cette infortunée. Madame Amélie, enchantée que sa fille trouvât une distraction à sa douleur, se hâta d'exécuter ses ordres : la gouvernante, les sous-gouvernantes, la petite bonne furent congédiées, et s'en consolèrent aisément par la magnifique récompense qu'elles avoient, qui les mit en état de faire de bons mariages et d'être aussi utiles qu'elles l'auroient été peu ; car à quoi pouvoient servir trois ou quatre femmes pour soigner un marmot ? Depuis cet instant Athanaïse revint de jour en jour à la vie : ni le bruit que fait un enfant, ni les soins continuels qu'il demande ne lui étoient importuns. L'appartement qu'elle occupoit avoit une porte sur une terrasse ; elle en fit supprimer tout ce qui la décoroit et la mit entièrement en gazon, après l'avoir fait fermer par un treillage, afin que son petit ami eût la liberté de se rouler sans cesse et sans danger. Elle ne voulut pas qu'il portât d'autres vêtemens que des robes pareilles à celle avec laquelle sa mère le lui avoit amené. Ses jeux faisoient ses seuls amusemens, elle concentroit en lui toutes les puissances de son âme et ne vivoit plus que pour lui.

Cependant elle se ressouvint que madame Dupuis avoit abondonné pour elle et sa maison et sa famille ; elle se reprocha de n'avoir pas eu le courage de la voir : sa mère n'osoit pas lui en parler. Athanaïse lui demanda si elle étoit encore à Célicour. — Tu le penses bien, mon amie ; puisque je suis ici, qui auroit soin de sir Walmore ? — Eh bien ! dit-elle, partons pour Célicour : je m'en sens la force ; d'ailleurs cette chambre..... Elle poussa un profond soupir. Je verrai madame Dupuis et M. Walmore. Ces dames partirent : Jules étoit sur les genoux de sa tante, et lui faisoit remarquer différentes choses qui la détournoient de ses tristes pensées. La surprise et la joie furent extrêmes en la voyant arriver à Célicour. Madame Dupuis courut à la voiture. Athanaïse, en la voyant, s'évanouit : cet accident troubla cette douce réunion ; mais il n'eut point de suites, et reprenant sur elle cet empire qui la caractérisoit, elle tâcha de dérober à ses amis la cause de l'impression qu'elle avoit éprouvée. Jules, pourvu qu'il fût avec sa maman, se trouvoit bien partout. Les jardins de Célicour étoient bien plus beaux que ceux de Clerville ; ils portoient cette teinte mélancolique de celui qui l'avoit si long-temps habité ; tout y parloit à l'imagination, et sir Walmore, depuis qu'il l'habitoit, y avoit ajouté le genre anglais, peu connu en France dans ce temps, et qui a fait depuis l'ornement des plus beaux parcs. Athanaïse se plaisoit surtout dans la partie des tombeaux ; celui de son père y étoit ombragé de cyprès. Sir Walmore y avoit fait transporter les restes précieux de sa femme et construire un monument dont la simplicité touchante peignoit les vertus de celle qu'il renfermoit.

Le fils d'Athanaïse, car elle étoit devenue sa mère, l'accompagnoit souvent sous ces tristes ombrages, et les jeux folâtres de l'enfance, près ces demeures funèbres, faisoient un contraste qui peut être mieux senti qu'exprimé.

Cependant madame Dupuis, assurée que son amie étoit parfaitement rétablie et n'étant plus utile à sir Walmore, voulut retourner à Surville, où sa présence étoit nécessaire. Elle avoit caché à M. Dubois la cause de son absence ; c'eût été pour lui le coup de la mort :

il engageoit dans toutes ses lettres sa chère fille à venir à Surville; elle en fit part à Athanaïse, qui lui dit : — Je n'y retournerai jamais, ne le dites pas à mon bienfaiteur, ce seroit l'affliger inutilement; je regrette de ne plus le voir, mais c'est impossible. — Je n'ose, reprit madame Dupuis, vous en demander la raison. — Hélas! vous la devinez aisément; mais je vous conjure, au nom de notre amitié, de ne m'en pas demander davantage. On vint avertir que le courrier de M. d'Ormont étoit arrivé, et qu'il seroit à Célicour avant une demi-heure. Athanaïse se leva et alla rejoindre sa mère, qui l'engagea à rester dans le salon, tandis qu'elle iroit au-devant de son frère et de la famille Belton, qui venoient dans le même carrosse; ils s'étoient joints à Paris. L'infortunée Athanaïse ne pouvoit ouvrir son cœur aux douces consolations de l'amitié, et le retour de son oncle et de mistriss Belton lui paroissoient plutôt un accroissement à ses peines qu'une jouissance ; d'ailleurs son amie revenoit avec Henriette et son époux, que l'amour unissoit encore plus que l'hymen. Quel tableau pour ce cœur déchiré par la passion la plus malheureuse ! — Il est passé ce temps où la réunion de tout ce qui m'étoit cher me combloit de joie ; à présent je voudrois être seule, ignorée de l'univers entier : que puis-je dire à ceux qui ont tant de droits à ma confiance, quand jamais je ne puis révéler la cause de mes douleurs ? Je sens que mon humeur s'altère, que je deviendrai insupportable à tout ce qui m'entoure. Elle seule s'apercevoit de ce changement de son caractère ; elle étoit triste, mélancolique, mais toujours bonne et sensible, sa douleur habituelle ne la rendoit que plus intéressante.

Madame Amélie avoit rencontré, assez près du château, son frère et les amis de sa fille : ils furent surpris de la trouver seule. — Où est donc ma nièce ? dit M. d'Ormont ; qui l'a empêchée de venir avec vous ? — Seroit-elle malade ? ajouta mistriss. — Elle l'a été ; mais elle ne l'est plus. — Pourquoi nous l'avoir laissé ignorer, nous eussions tout quitté. — La maladie qu'elle vient d'essuyer, dit Amélie, n'est pas le plus grand des maux qui l'accablent. — Vous nous faites frémir ; quoi, Célicour seroit blessé ? — Mon amie, je vous instruirai de tout ce que je sais ; mais, mon frère, voilà une lettre qui, je crois, vous en apprendra davantage, et elle lui remit celle de Célicour. M. d'Ormont l'ouvrit. Je la transcris ici mot à mot avec tout le désordre qui y règne.

Lettre de Célicour au comte d'Ormont.

A Clerville, le septembre 1746.

« Écrire...... à qui ? non, c'est impossible.... qui oseroit lire ma lettre ?.... quel est l'ami qui ne frémiroit pas au récit de mon crime ?..... cependant ne m'en accuseroit-il pas d'un plus grand encore, s'il pouvoit croire que j'ai pu cesser de l'adorer ?..... moi, j'ai cessé d'aimer...... C'est à moi que s'adresse ce reproche : et parce que je la fuis, parce que je ne la reverrai jamais, parce que je n'oserai même pas lui écrire.... on dira que je ne l'aime pas.... O Dieux ! percez donc ce cœur, déchirez-le de vos propres mains pour y voir ce que vous osez ne pas croire...... Oui, elle est là...... elle y règne dans ce cœur brisé par mes douleurs, que rien ne peut peindre....... oui, j'emporte avec moi son image ; oui, elle vit en moi, elle me suivra au milieu des hasards. J'y trouverai la mort ; oh ! oui, je l'y trouverai..... Tous les maux ont un terme : il en étoit un plus prompt ; j'aurois pu l'atteindre, dès que j'ai tout perdu ; mais je n'ai pas voulu lui causer cette douleur....... car ne la croyez pas si elle vous dit qu'elle ne m'aime plus....... elle m'aime plus qu'elle ne m'a jamais aimé...... elle ne veut plus me voir, mais c'est parce qu'elle sent qu'elle ne pourroit résister au charme qui l'attire vers moi.... Que dis-je ? malheureux....... non, c'est elle qui veut que je parte..... mais pourquoi m'ordonne-t-elle de vivre ? Ah ! c'étoit dans le moment que je la tenois froide, inanimée dans mes bras qu'il eût fallu expirer, je n'aurois pas senti l'horreur des remords qui me poursuivent depuis cet affreux moment.

« J'entre chez elle : elle retouchoit un portrait, qui me parut être le mien; car je ne voyois, je n'entendois qu'elle; elle se croyoit seule, elle adressoit à cette image les plus tendres reproches. Grands Dieux ! elle pouvoit douter de mon amour ! ah ! c'est le seul crime qu'elle ait pu commettre. Je m'approche, je veux la rassurer, lui dire que je ne vis que pour..... Jamais sa beauté n'avoit fait sur moi une si forte impression. Ah ! pardonne, âme céleste, je crus un moment que tu partageois mon délire ; alors ma raison m'abandonne ; je me livre à la fougue impétueuse de ma passion..... mais à l'instant qui m'auroit rendu le plus criminel et le plus heureux des hommes, celle que je pressois avec tant d'ardeur tombe dans mes bras sans chaleur et sans vie..... Quarante jours d'un danger continuel ont suivi.... et je ne suis pas mort !.... M. le comte, vous devez à présent me haïr ; je ne suis plus digne d'être votre ami, je le sais ; je me juge plus sévèrement que vous ne pourriez me juger vous-même ; mais ne me dites point que vous me méprisez........ pensez que les passions violentes...... portent avec elles leur excuse.... mais surtout songez à ce que je vais souffrir.... je ne la verrai plus.... Ah ! pourquoi n'es-tu pas restée dans l'obscurité ? pourquoi le fatal secret de ta naissance est-il venu jusqu'à toi ? Tu m'avois fui, tu avois enchaîné ma liberté , mais tu n'aurois pas toujours échappé aux recherches de ceux que j'avois chargé de te trouver, mais mon exil auroit fini;

rendu à moi-même, je t'aurois retrouvée, et eût-il fallu mettre le feu aux murs qui te renfermoient, je t'en aurois arrachée, tu aurois été ma compagne, mon épouse chérie.... vains préjugés.... rien alors ne se seroit opposé à mon bonheur. Il faut que tu saches que je suis ton frère pour oser revenir près de moi..... tu as cru que je respecterois ces liens de la nature..... tu l'as cru.... et tu es venue voir. Quelle a été ton imprudence !.... Mais je pars, tu vas retrouver ton tranquille repos.... que dis-je ? tu m'oublieras. Si tu pouvois changer, si un autre...... ah ! je sens que rien, rien ne m'y feroit consentir ; je le percerois à tes yeux. Mais où m'égare la passion qui me dévore ? qu'ai-je écrit ? pourrois-je ? oserois-je le relire ? non ce triste écrit partira tel qu'il est sorti de ma plume ; punissez-moi de ma sévérité.... haissez-moi, vous me le devez ; mais vous devez encore plus me plaindre, ou j'aurois cru en vain votre âme sensible.

« Ne me répondez point et n'attendez jamais d'autres lettres de l'infortuné,

CÉLICOUR. »

Dès que le comte d'Ormont eût lu cette lettre, il la donna à Amélie, qui la lut avec mistriss. Walmore et sa femme avoient pris les devants et étoient déjà dans les bras de leur père. Athanaïse les reçut avec la plus tendre amitié ; mais ils furent frappés de l'abattement dans lequel elle étoit. Jules carressa Henriette et lui demanda si son papa revenoit aussi, ce qui fit soupirer Athanaïse.

Cependant Amélie, le comte d'Ormont et mistriss Belton, au lieu d'entrer au château, descendirent dans les jardins et s'assirent pour s'entretenir plus librement des suites de cet affreux malheur.— Je sens, disoit M. d'Ormont, que sa conduite avec ma nièce devroit me le faire haïr, mais cependant sa douleur est si profonde qu'il m'intéresse malgré moi, que je voudrois le retirer de l'affreux désespoir où il paroît plongé, que je ne voudrois pas qu'il fut seul. — Je ne connois, dit mistriss, qu'un seul homme capable de lui porter les consolations qui lui sont nécessaires, c'est le docteur O Lielly; il doit être dans ce moment en France, car dans sa dernière lettre il m'annonce que la persécution est devenue telle en Irlande, qu'il a été forcé de fuir. Mais comment trouver la possibilité de l'envoyer à l'armée sans que Célicour puisse se douter que nous le connoissons ? — Rien de plus facile, dit le comte d'Ormont. Je l'adresserai au maréchal de ***, comme secrétaire,

en

en lui disant que c'est un Irlandais per-sécuté qui ne veut pas être connu. Il faudra qu'il change de nom, afin que Célicour ne lui croie aucune relation avec nous. — S'il est possible, dit Anrélie, d'adoucir sa situation, de le ramener à des sentimens plus calmes, j'en éprouverois une sensible joie; car je ne doute pas que sa mort ne fût pour ma fille le plus grand malheur; d'ailleurs, malgré la grandeur de son offense, il faut convenir qu'il possède les plus intéressantes qualités, et que, la fougue de ses passions calmée, il sera l'homme le plus utile à son pays : ne perdons point de temps pour lui envoyer ce digne consolateur. Mais, comme il seroit dangereux de confier ce secret à la poste, ne seroit-il pas possible que le docteur vînt ici ? — C'est bien son intention, dit mistriss; mais pour hâter son arrivée, je vais lui écrire : vous, M. le comte, vous le chargerez d'une lettre pour le maréchal, et d'ici à huit jours il pourra être en Flandre. Cette détermination prise, on rentra au château.

Athanaïse qui étoit surprise que son oncle et son amie ne fussent pas encore arrivés, venoit au-devant d'eux, tenant Jules par la main. Dès que M. d'Ormont l'aperçut il courut à elle, et elle se jeta dans ses bras. — Mon enfant, lui dit-il, je sais toute l'étendue de ton malheur. — Quoi ! mon oncle, et qui vous en a instruit ? — Celui qui en est l'auteur. — Quoi ! vous l'auriez vu ? — Non ; mais il m'a écrit. — Il a osé ? — Ne lui en veux pas, il donne à notre amitié le moyen de le sauver de son désespoir..... Alors mistriss lui conta ce qu'ils vouloient faire pour cet infortuné. — Ah ! c'est toujours le même cœur de mon amie, et elle l'embrassa tendrement. On passa dans l'appartement de sir Walmore, qui ne se rassasioit pas du plaisir de voir ses enfans ; il tenoit sur ses genoux celui dont Henriette étoit accouchée à Barège ; c'étoit une petite fille qui ressembloit à son père. Jules la trouvoit bien gentille. Henriette la nourrissoit, et quoique fort jeune encore., elle remplissoit ce devoir avec un zéle infatigable. — La première fois, ce sera un garçon, disoit sir Walmore ; mais en attendant, je sens que j'aimerai bien ma petite Lise. Athanaïse contemploit ce touchant tableau , non d'un œil d'envie, son cœur en étoit incapable , mais avec le regret de ne pouvoir jamais jouir de ce bonheur : elle prit Jules sur ses genoux et ses douces caresses la consolérent. Voilà, dit-elle, mistriss, la seule distraction à ma douleur ; je me suis entièrement consacrée à l'élever, il a répondu à mes soins. Williams fit à madame Dupuis les plus tendres remercîmens des soins qu'elle avoit donnés à son père pendant la maladie d'Athanaïse, et l'engagea, ainsi que mistriss, à rester encore quelques jours ; mais elle ne voulut pas y consentir. Elle partit donc le lendemain matin ; mistriss la pria de se charger d'une lettre pour le docteur O Lielly.

L'arrivée de la famille Belton rendit plus animée cette maison, qui depuis tant d'années sembloit n'être destinée qu'à servir d'asile au malheur. Walmore et sa femme étoient infiniment aimables, et si parfaitement heureux, qu'ils répandoient autour d'eux le sentiment de la douce joie dont leurs âmes s'étoient pénétrées. Ils souffroient de voir leur bienfaitrice si triste ; mais ils n'attribuoient son abattement qu'à l'absence de Célicour ; ils étoient loin de soupçonner à quel point elle étoit malheureuse et tâchoient de la distraire : mais c'étoit inutilement.

Williams aimoit passionnément la chasse ; il se lia avec ses voisins, entre autres les fils du comte d'Apremont, dont les terres, touchant à celles d'Ableville, leur donnoient une étendue considérable. Un soir qu'ils avoient couru un cerf, qui les avoit mené fort loin, ils revinrent à Célicour, où madame Amélie ne put s'empêcher de leur offrir de rester à coucher. Ils étoient trois frères d'une tournure très-agréable, mais le chevalier sembloit réunir tous les dons qui assurent de plaire : il fut frappé de la rare beauté d'Athanaïse, qui, malgré sa constante douleur, l'extrême négligence de sa toilette, n'en étoit pas moins faite pour enflammer le cœur d'un jeune homme qui n'avoit encore rien aimé ; il dissimula cependant l'impression qu'elle avoit faite sur lui, dans la crainte de rencontrer des rivaux dans ses frères, et se contenta de demander à madame Amélie la permission de venir lui faire sa cour. Elle ne crut pas devoir le refuser, quoiqu'elle sut que rien ne contrarioit autant sa fille, qui pouvoit à peine soutenir la société de ses amis. Il revint dès le lendemain dire à ces dames que sa mère désiroit ardemment de faire connoissance avec elles, mais que les infirmités, inséparables de son âge, ne lui permettoient pas le moindre déplacement. On accepta sans donner à Athanaïse le temps de répondre : c'étoit précisément elle que sa mère désiroit qui se rendît à la société ; mais lorsqu'après le dîner le chevalier, qu'une seconde visite avoit rendu plus amoureux, lui demanda de venir de bonne heure, pour que sa mère pût jouir plus long-temps de la satisfaction de la voir, elle le pria de témoigner à madame sa mère tous ses regrets. — Mais je ne quitte jamais mon neveu, ajouta-t-elle, et le mène encore moins dans le monde. En me chargeant de l'élever, j'ai fait vœu de me consacrer entièrement à lui; je ne vais chez aucun de mes voisins. — Quoi! madame, on ne peut espérer.... — Je suis fort sensible au désir obligeant de madame d'Apremont ; si j'avois pu changer ma résolution, c'eût été certainement pour une femme aussi respectable qu'elle. — Mais elle s'étoit fait le plus grand plaisir de vous posséder. — C'est impossible. D'Apremont fut d'abord affligé de cette résolution ; mais il s'en consola par un projet qu'il forma aussitôt.

Dès qu'il fut parti, Henriette demanda si elle emmèneroit leurs enfans. — Si j'allois chez madame d'Apremont, je vous dirois, ma bonne amie, qu'il est indispensable de les emmener avec nous ; mais comme je reste..... — Vous ne venez pas avec nous ? — Vous savez, ma chère Henriette, que j'ai toujours détesté les nouvelles connoissances, et dans ce moment-ci elles me seroient odieuses. Je me suis excusée en disant que je ne quittois pas mon neveu et que je n'en ennuyois pas mes voisins ; car il faut convenir que les enfans sont insupportables pour les étrangers. Vous me laisserez Lise et je serai plus contente avec cette petite société, que dans le cercle le plus brillant ; d'ailleurs sir Walmore ne sera pas seul. Quelques instances qu'on lui fit, elle ne changea point d'avis. Williams et les dames se rendirent à Apremont après le dîner. Athanaïse fit des efforts sur elle-même pour que Walmore n'eut pas à regretter le reste de la société. Pendant que le bon vieillard se livroit au sommeil, elle descendit dans le jardin avec ses deux enfans. Ce fut vers la vallée des tombeaux qu'elle dirigea ses pas, et après avoir fermé une petite grille, qui empêchoit les petits d'en sortir, elle se livra à la mélancolie que ce lieu inspiroit : ce fut aux cendres de son père qu'elle adressa ses tendres plaintes. — O vous, lui disoit-elle, qui m'avez rejeté avant ma naissance, qui, accusant le cœur le plus pur qui fut jamais, m'aviez condamnée au malheur de ne point connoître les auteurs de mes jours, vous fûtes néanmoins sensible, et votre cruauté, n'étant que l'effet d'une passion trop ardente, avec quelle joie vous me reverriez en ces lieux, si la mort n'avoit pas terminé une vie que ma mère auroit rendue si heureuse! mais combien le sort de vos enfans vous causeroit de douleurs; combien vous vous reprocheriez, en nous ayant séparé, d'avoir été cause de tous nos tourmens ! Hélas ! du sein de la divinité, où vous jouissez du repos (car Dieu a connu et plaint votre erreur, il vous en aura pardonné les terribles suites), veillez sur ce fils si cher, obtenez que son cœur banisse un sentiment qui nous rend si malheureux, que je puisse le revoir dans de longues années. Jamais je ne lui donnerai d'espoir; mais toujours je le conserverai. O mon père ! écartez de lui tous dangers, qu'il vive pour jouir du bonheur de voir son fils. Dans ce moment les enfans qui l'avoient vu se mettre à genoux près le tombeau de son père, vinrent s'y mettre aussi, et pressoient de leurs mains cette pierre froide. Athanaïse fut si touchée des grâces de leur action, que s'asseyant sur les degrés, elle les prit dans ses bras pour recevoir leurs innocentes caresses. Bientôt ils s'y endormirent tous deux ; elle les coucha sur le gazon, en les couvrant d'un voile pour les garantir des insectes, puis elle reprit sa première position auprès du tombeau, où elle nourrissoit sa douleur. Elle y resta assez tard ; les jours qui commençoient à diminuer, amenèrent bientôt une obscurité presque totale sous les arbres que le soleil dans sa plus grande force perçoit à peine. Le silence, joint aux ténèbres, exaltoit son imagination. Elle continuoit à s'adresser à son père, lorsqu'elle se sentit prendre doucement par le bras. Quoiqu'elle fut très-éloignée d'avoir aucune idée superstitieuse, elle ne put s'empêcher d'un mouvement de frayeur ; elle fit un cri, et tendant les bras, elle ne sentit rien, mais crut voir dans l'ombre un homme qui fuyoit. — Qui que vous soyez, dit-elle, répondez-moi.

Le fantôme se rapprocha, et elle crut voir qu'il mettoit un genou en terre. Si la première idée que c'étoit l'ombre de son père qui sortoit de son tombeau n'eût aucune suite, elle crut très-fortement que c'étoit Célicour qui s'étoit échappé du camp pour la revoir, et qui lui demandoit, dans cette position, pardon de sa témérité. Ne sentant alors que la grandeur du péril où elle se trouvoit exposée, elle réunit toutes les puissances de son âme pour lui ordonner de fuir. — Quoi ! est-il possible, disoit-elle à cet être qui restoit toujours à genoux, que vous osiez venir troubler ma profonde solitude ? n'est-ce donc pas assez des maux que l'amour me cause, sans m'enlever le seul bien qui me reste ? que pourroit-on penser d'une apparition si subite dans un lieu écarté et presque dans l'ombre de la nuit ?..... Je vous en conjure, éloignez-vous….. je vous l'ordonne. Au nom du sentiment qui nous unira jusqu'au dernier soupir, partez ; que la gloire vous console des malheurs de l'amour…. L'ombre fit un mouvement pour se rapprocher d'elle ; alors trouvant dans sa propre foiblesse des forces pour fuir celui qu'elle croyoit être son frère, elle prend dans ses bras les deux enfans, et courant avec une légèreté extrême vers la grille, elle l'ouvre, traverse les bosquets, et se trouve sur la grande terrasse, où le lever de la lune commençoit à remplacer le jour. Cependant l'être qui l'avoit suivi quelque temps ne sortit point du bois : elle rentra au château sans avoir pu s'assurer que ce fut Célicour ; elle trouva tout le monde de retour d'Apremont, et se retira dans son appartement pour réfléchir.

Madame Amélie l'y suivit. Cette

tendre mère avoit remarqué que ses traits étoient altérés, et qu'elle avoit à peine entendu tout ce qu'on lui avoit dit d'honnête de la part de madame d'Apremont. Dès qu'Athanaïse la vit entrer, elle fit signe à Julie de les laisser seules. — Qu'as-tu donc, mon enfant ? dit-elle en s'asseyant auprès d'elle ; que je me reproche de t'avoir laissé seule ; mais j'ai cru ne pouvoir me dispenser d'accompagner mistriss.... c'est la dernière fois, je ne te quitterai plus ; la solitude absolue, quand on est malheureux, est infiniment dangereuse. Tu es rentrée bien tard ; je parie que tu es restée à la vallée des tombeaux ? — J'y ai passé toute l'après-midi et je n'ai pas été plus malheureuse que je ne le suis habituellement ; mais il m'est arrivé un événement que je ne puis confier qu'à vous, en vous demandant en grâce de n'en jamais parler à personne.

— Je te le promets. — Croiriez-vous que ce malheureux est venu à la vallée des tombeaux ? — Qui ? — Vous savez bien de qui je veux vous parler ? — Célieour ? — Lui-même. Alors elle lui raconta tout ce qui lui étoit arrivé. — Mais es-tu bien sûre que ce soit lui ? — Et qui ce pourroit-il être ?.... je ne vois personne qui auroit eu l'audace de venir dans cette retraite sacrée; lui seul pouvoit avoir la clef. — Mais on ne l'a point vu ; où aura-t-il passé la journée ? où passera-t-il la nuit ? seul.... grands Dieux ! s'il alloit être attaqué..... mais pouvois-je consentir à le voir, à l'entendre ?.... Ah ! qu'il me cause de douleur ! Cependant un violent coup de tonnerre se fait entendre et un orage affreux se déclare ; la pluie tombe comme des torrens. — Ah ! ma mère, disoit Athanaïse, s'il est sans abri ! cette nuit sera terrible. Ah ! puisse-t-il trouver un toit hospitalier! c'est moi qui suis cause qu'il est exilé du sien, et ses pleurs couloient sur le sein de sa mère, qui ne la quitta qu'au lever de l'aurore, où ses yeux fatigués par les larmes commencèrent à se fermer. Madame Amélie s'informa s'il n'étoit venu personne pendant son absence, et on l'assura que personne n'étoit venu. Elle crut, comme sa fille, que Célicour seul avoit pu risquer de venir trouver sa sœur; elle en fut profondément affligée, car que ne pouvoit pas se permettre celui qui, dans sa position, avoit une telle audace, et elle forma la résolution de ne plus quitter sa fille.

Madame Dupuis avoit trouvé le docteur O Lielly à Paris. Il partit aussitôt pour Célicour. On le reçut avec les témoignages de la plus sincère amitié; mais personne ne lui montra de plus vifs empressemens qu'Athanaïse; la raison qu'elle avoit de haïr ceux de son état, ne l'empêchoit pas de distinguer la vertu partout où elle se trouvoit ; d'ailleurs il alloit voir celui qui lui étoit si cher ; il alloit verser sur ses plaies le baume de la consolation d'une douce morale : pouvoit-il être indifférent à la tendre Athanaïse ? Elle eut avec lui un entretien secret, où elle ne lui dissimula point ses imprudences, mais où elle déploya en même temps toute l'énergie dont son âme étoit capable pour fuir les dangers qui la menaçoient. — Faites en sorte, lui disoit-elle, qu'il s'éloigne assez longtemps pour user le sentiment qui fait le malheur de ma vie. Des voyages, où vous voudriez bien l'accompagner me paroîtroient ce qui pourroit lui être le plus utile : cependant je ne veux pas qu'il s'exile de sa patrie, qu'il abandonne des possessions très-importantes: quand la guerre sera finie, et qu'il aura parcouru une partie de l'Europe, il faudra bien qu'il revienne en ces lieux; alors j'engagerai ma mère à s'établir à Ormont. Hélas! c'étoit là où j'aurois dû fixer mon séjour : sir Walmore resteroit à Célicour avec sa famille ; j'irois avec ma mère et son frère habiter la terre d'Ormont. Là, je n'y verrai qu'un site agreste et des hommes sauvages ; l'âpreté de ce pays, la froide humidité des côtes de la mer, le mugissement des flots qu'on y entend sans cesse, anéantiront peu-à-peu mon imagination et calmeront le feu qui me dévore ; alors je lui rendrai son fils et il ne sera pas seul dans la nature. Le docteur O Lielly admiroit le courage de cette femme, qui oublioit sa propre douleur pour ne s'occuper que de celle de son frère. Après avoir donné quelques momens à l'amitié qui l'unissoit à sir Walmore, il partit pour la Flandre, où étoit le quartier-général. Le maréchal de *** le reçut avec distinction ; l'estime qu'il avoit pour le comte d'Ormont lui faisoit juger qu'il ne pouvoit lui adresser qu'un homme digne de sa confiance. Mais il falloit qu'il trouvât Célicour, et qu'il parvînt à se lier assez intimement avec lui, pour pénétrer dans ce cœur en proie à toutes les horreurs du remords. Célicour n'avoit point rempli la promesse qu'il avoit faite à madame Amélie de lui donner de ses nouvelles. On auroit ignoré qu'il existât encore, si Clermont, qui aimoit autant son maître, que Julie étoit attachée à sa maîtresse et qui l'avoit suivi à l'armée, n'en avoit donné exactement à Julie, avec qui il s'étoit marié peu de temps avant son départ.

« Rien n'est comparable, écrivoit-il,

à l'abattement de monsieur le marquis. J'ignore quelle en peut être la cause ; car lui, qui m'honoroit d'une si grande confiance, aujourd'hui il ne me parle pas même pour les choses les plus simples ; il ne s'explique que par signe ; on diroit qu'il a perdu la parole : il ne conserve d'énergie que pour son métier. Oh ! celui-là, il le fait bien et trop bien, car il est partout ; il semble qu'il ne se brûle pas une amorce où il ne veuille être. Ce n'est pas assez pour lui de servir à la tête de son régiment ; lorsqu'il n'est pas commandé, il sert comme volontaire : c'est toujours au plus chaud de l'action qu'on est sûr de le trouver ; mais il a beau faire, les balles ni les boulets n'approchent pas de lui. Avant-hier, il étoit question qu'on attaqueroit.......il avoit l'air si content qu'on eût dit qu'il en attendoit le succès le plus brillant ; mais moi, je vois bien que c'est la mort qu'il cherche ; hélas ! je tremble que ne la rencontrant pas, il n'aille au-devant......

Il ne parle de personne de tous ceux qu'il a laissés, pas même de mylady de Walmore ; j'ai voulu lui en parler, il m'a ordonné de me taire..... Mon Dieu, qu'est-ce que cela signifie ?.... Du reste, il se porte bien, quoiqu'il dorme et mange à peine ; il ne voit personne hors de temps du service..... etc. »

Julie n'osoit pas faire voir ces tristes détails à Athanaïse, qui lui avoit dit aussi de ne lui pas parler de Célicour, mais elle les communiqua à madame Amélie. Ils plaignoient tous le sort d'un homme, dont les brillantes qualités ne servoient que son farouche désespoir ; tristes et funestes effets des passions qui détruisent les facultés de l'homme qui s'y abandonne.

O Lielly, qui s'étoit nommé Straden,

car son accent n'auroit pu le faire passer pour Français, le chercha pendant quelques jours sans pouvoir le joindre, se lia avec des officiers de son régiment et leur parla de leur colonel. — Nous ne savons ce qui lui est arrivé, c'est toujours le plus brave des hommes: nous le reconnoissons quand il faut se battre; mais hors de l'action il est si sombre qu'on ne peut lui parler; ses plus intimes amis n'en peuvent tirer une parole: il faut que ce soit la mort de sa femme qui l'ait affecté à ce point. Il paroît décidé à se faire tuer; il y réussira et ce sera dommage, car avant ce temps c'étoit le meilleur des hommes. O Lielly, que je nommerai dorénavant Straden, alloit et venoit devant la tente de Célicour; mais elle étoit toujours fermée. Enfin le hasard le servit. L'âme sensible de Célicour, tout infortuné qu'il étoit, le força d'aller chez le général pour lui demander la grâce d'un soldat de son régiment qui avoit été pris à la maraude, où ses camarades l'avoient entraîné malgré lui. C'étoit un excellent sujet qui envoyoit à son père, âgé de quatre-vingts ans, tout ce qu'il pouvoit épargner. Au moment où il avoit été arrêté il avoit réclamé les bontés de Célicour, qui se rendit aussitôt chez le maréchal. Straden étoit dans la tente du général, et en entendant nommer Célicour, il appuya sa demande. — Je vous accorderai sa grâce, lui dit M^r. de ***, à une condition, c'est que vous viendrez dîner avec moi; car je ne sais ce que nous vous avons fait et pourquoi vous nous fuyez. — Ah! M. le maréchal, que voulez-vous que fasse au milieu d'hommes heureux le plus infortuné des mortels? — Je sais que c'est un grand malheur de perdre une femme jeune et charmante; mais enfin la douleur doit avoir un terme; d'ailleurs je suis décidé à ce que je vous dis : point de grâce pour votre protégé, si vous n'acceptez pas mon dîner. — Vous êtes trop juste, M. le maréchal, pour mettre si peu de prix à la vie d'un homme ; mais je n'en serai pas moins empressé à vous marquer ma reconnoissance. J'accepte l'honneur que vous me faites. Le général signa la grâce et Célicour la porta lui-même. — C'est un meurtre, dit le maréchal à Straden, lorsque Célicour fut sorti, j'ai vu ce jeune colonel le plus intéressant ; on n'est point de cette tristesse ; il nous fuit comme si nous étions cause de sa douleur : je donnerois tout au monde pour le tirer de là. M. Straden, vous qui avez éprouvé de grands malheurs, d'après ce que m'a mandé d'Ormont, vous devriez bien tâcher de lui donner un peu de votre philosophie ;

philosophie ; mettez-vous auprès de lui à table et faites en sorte de le faire parler. — J'y ferai l'impossible. M. Célicour se rendit aux ordres du maréchal. Une table de vingt-cinq couverts étoit magnifiquement servie, et la franche loyauté de nos militaires Français animoit les convives. Quand on vit entrer Célicour, tous crièrent miracle : on félicita le maréchal d'avoir eu ce pouvoir. — Oh ! ce n'est ni pour vous ni pour moi qu'il est venu, mais pour qu'un de ses protégés ne soit point pendu ; enfin, quelle qu'en soit la cause, le voilà et j'espère que ce ne sera pas la dernière fois. Allons, M. Straden, mettez-vous à côté de lui, je vous le recommande, et tâchez qu'il fasse trève un moment avec sa douleur, car j'aime la joie. — C'est ce qui fait, M. le maréchal, reprit Célicour, que je ne viens pas offrir le spectacle de ma profonde tristesse. — C'est pour cela, mon cher Célicour, qu'il faut peu à peu vous en défaire; car enfin c'est un mal sans remède. — Oh! oui, sans remède: c'est ce qui me tue. On se mit à table, et bientôt les propos les plus lestes rendirent la conversation si bruyante que Célicour, qui ne s'en mêloit en aucune manière, y fut oublié, excepté de Straden, qui paroissoit s'en occuper avec la plus tendre complaisance. Célicour ne put s'empêcher de lui en marquer sa surprise. — Hélas! lui répondit-il,

Qui ne sait compatir aux maux qu'il a soufferts?

J'ai eu, comme vous, le malheur de perdre l'objet de mes plus chères affections, et ce qui est plus affligeant pour moi, c'est que ce n'est pas la mort qui m'en a privé et qu'elle souffre les mêmes douleurs que moi d'une séparation éternelle, au lieu que vous êtes assuré que celle que vous pleurez jouit du repos.

— Quoi ? vous êtes séparé sans retour de votre amie ? — Sans retour, reprit Straden. — Et vous l'aimiez ? — Ah ! plus que moi-même. — Et vous avez pu vivre ? — Il le faut bien, puisqu'elle me l'ordonne, puisque ma mort la livreroit au plus affreux désespoir. J'ai quitté mon pays, mes amis, je suis venu en France, où j'ai été adressé à M. le maréchal par un de ses amis, que j'étois venu trouver dans ma détresse; car à tous les maux que j'ai de communs avec vous, il se joignoit une extrême misère. — Et vous vivez ? — Je vous le répète, celle à qui j'avois consacré mon existence m'a ordonné de la conserver; d'ailleurs dussé-je vous paroître foible, superstitieux, je ne crois pas que nous devions abandonner le poste que l'Être suprême nous a marqué. — Quoi ! vous croyez lorsqu'il a rendu le fardeau de la vie insuportable..... — Ce n'est pas ici le lieu de discuter un point si important ; d'ailleurs je ne serois peut-être pas assez instruit pour vous prouver ce que je sens mieux que je ne l'exprimerois, et je suis tant à mes regrets, que je ne puis penser qu'à celle dont je suis séparé. Ah! si vous saviez tout ce que j'ai souffert. Mais j'abuse de vos bontés ; je vous parle de mes peines, tandis que les vôtres devroient m'occuper. — Hélas! repartit Célicour, je vous écoute avec le plus grand intérêt ; mais si cette bruyante assemblée est peu propre à une discussion philosophique, elle l'est encore moins à l'épanchement des âmes. Si vos occupations vous le permettent et que vous puissiez venir ce soir après la retraite dans ma tente, vous pourriez me raconter le sujet de vos douleurs ; croyez que je les entendrai avec la plus extrême sensibilité.

Straden, enchanté d'avoir éveillé la curiosité de Célicour, lui promit de ne pas manquer l'heure du rendez-vous.

On sortit de table pour monter à cheval. Straden écrivit à mistriss pour lui apprendre ses premiers succès, et lui fit entrevoir qu'il seroit possible de rappeler Célicour à des sentimens plus calmes. Dès que les feux furent éteints, il se rendit à la tente de Célicour, qui vint à lui, le fit asseoir sur son lit de camp. — J'ai bien cru, lui dit-il, que je manquerois au rendez-vous, malgré moi : l'affaire a été chaude, et je pensois bien qu'elle ne seroit pas finie de sitôt ; mais quand nous avons été à portée de l'arme blanche, les ennemis ne nous ont point attendu et ils ont pris la fuite ; il n'y a pas de nation qui se mesure avec les Français. Je voulois les poursuivre ; mais on a craint une embuscade et on est rentré au camp : dans toute autre occasion j'en aurois été fâché; mais ce soir, je ne sais, je suis rentré dans ma tente avec moins de tristesse. L'idée que j'adoucirois la vôtre, semble alléger un peu le poids de mon infortune; hâtez-vous donc de m'en apprendre le sujet. — Vous voulez, monsieur, que je vous fasse ce triste récit; j'y consens dès que c'est un moyen de faire diversion à votre juste affliction.

Je suis né de parens très-riches, j'ai fait jusqu'à vingt ans leur espérance la plus chère; mais à cet âge un de mes amis me fit connoître un bonheur dont je n'avois pas eu l'idée jusqu'à ce jour : mon cœur s'embrâsa avec cette ardeur qui n'existe qu'à cet âge. J'en parlai à mes parens; ils rejetèrent toutes mes propositions, ils me menacèrent de leur indignation, et comme je persistois dans mon dessein, ils me déshéritèrent et me chassèrent de leur maison. J'avois vingt-quatre ans accomplis ; je m'engageai par des nœuds éternels, je m'attachai à mon épouse ; elle m'étoit devenue plus chère que moi-même, et plus je lui avois fait de sacrifices et plus je l'aimois. Quelques années se passèrent sans que la persécution de mes parens pût troubler intérieurement mon repos ; mais que ne peut la haine ! ils inventèrent les plus atroces calomnies, ils m'entourèrent de pièges, ils exposèrent ma vie, mon honneur, qui m'étoit le plus cher. Pour la sûreté de celle que j'aimois, je fus contraint de l'abandonner ; elle l'exigea comme le seul moyen quelle avoit de se soustraire à la vengeance des hommes puissans : je l'ai laissé foible, sans secours, et moi je languis loin d'elle, accablé du plus vif chagrin, ne trouvant personne à qui confier mes douleurs, forcé pour vivre de vendre à un autre homme toutes les facultés de mon âme, et lorsque je ne voudrois ne m'occuper que de celles dont je suis séparé, je suis obligé de me conformer à toutes les volontés d'un autre : convenez que mon sort est malheureux. — Mais vous n'avez rien à vous reprocher, celle dont vous êtes séparé ne peut vous accuser de son malheur ; vous pouvez un jour vous réunir. — Jamais. Un autre.... — Quoi ? elle a pu vous oublier ?.... elle s'est donnée à un autre, et vous l'avez souffert ?... vous n'avez pas lavé dans le sang de celui qui a profité de votre malheur un tel outrage ? Grands Dieux ! cette seule idée me fait frissonner de rage. — Je sais qu'elle y a été contrainte ; d'ailleurs je n'ai aucun moyen de retourner dans ma patrie, ma tête y est à prix. — Et vous l'aimez encore ? — Plus que dans nos plus beaux jours.

— Ah! je ne puis comprendre.....; cependant vous êtes dans la force de l'âge, vous paroissez avoir reçu de la nature des passions ardentes ; mais vous n'avez pas, comme moi, un sang qui bouillonne ; non, ce n'est pas du sang qui circule dans mes veines, ce sont des flammes. N'importe, je veux que vous soyiez sans cesse avec moi, je veux que vous me parliez de vos chagrins : il me paroît que vous n'avez pas à vous louer infiniment du maréchal ? — Je ne me plains pas, j'aurois tort ; mais l'élévation de son rang, les grandes et importantes affaires qui l'occupent, le tumulte des camps lui laissent peu de temps pour jeter un regard favorable sur un infortuné ; je savois d'ailleurs qu'il étoit ennemi de la tristesse : loin de lui apprendre le sujet de la mienne, j'ai fait mes efforts pour qu'il ne s'en aperçût point. — Ah! voilà bien les grands seigneurs, et ils se plaignent de n'avoir point d'amis ! Soyez le mien, mon cher Straden ; je vous demanderai au maréchal comme la plus belle récompense de quelques actions qu'il a bien voulu remarquer : vous ne me quitterez plus, nous pleurerons ensemble ; vous m'apprendrez peut-être comment la philosophie peut calmer la violence des maux qui affligent l'espèce humaine ; au moins j'adoucirai les vôtres : la campagne tire à sa fin, vous charmerez l'ennui inséparable des cantonnemens. Straden lui marqua sa vive reconnoissance.

Dès le lendemain Célicour obtint du maréchal qu'il prît un autre secretaire ; il y consentit sans peine. La froide réserve de Straden, la pureté de ses mœurs ne convenoit guère à M. de ***, qui allioit aux grandes qualités militaires le goût des plaisirs, qu'il portoit même à l'excès.

Voilà donc Célicour avec un ami, un compagnon d'infortune; mais qu'il étoit encore bien loin de lui confier le sujet des siennes. Straden ne vouloit rien attendre que du temps, c'étoit avoir beaucoup obtenu que de lui avoir fait perdre l'habitude de ce silence, qui, faisant refluer ses pensées sur son cœur, le déchiroit. Le charme qu'il trouvoit dans la conversation de Straden, modéroit son ardeur à courir sans cesse après les dangers; il ne montoit plus à cheval que quand son régiment étoit commandé.

Ils reprirent souvent la discussion sur la faculté de terminer sa vie. Célicour ressembloit à un cheval fougueux qui blanchit le mors qui le contient, finit par briser les courroies qui l'attachent, et délivré des freins qui arrêtoient l'impétuosité de sa course, traverse les sillons, renversant tout ce qui se trouve à sa rencontre. L'idée d'un Dieu, la certitude que l'âme survit à son enveloppe, gênoient la violence des passions de Célicour; elles éteignirent en lui cette croyance sublime et il ne vit plus qu'un présent qui nous fuit et dont le terme est le néant : il crut donc pouvoir satisfaire des désirs, qui cessoient d'être criminels à ses yeux, et lorsqu'il eût perdu l'espoir d'être heureux sur la terre, n'attendant rien au-delà, la mort ne lui paroissoit que la cessation de la douleur. Bien différent de l'athée par système, il n'avoit point profondément calculé la possibilité de l'existence de l'univers sans un premier moteur, il se disoit : il n'y a point de Dieu, parce qu'il désiroit qu'il n'y en eût point, pour ne pas ajouter au remords l'idée de la vengeance suprême. Straden sentit que dès qu'il lui auroit fait connoître ce Dieu, non comme un juge terrible, mais comme un père, il le ramèneroit aisément à sa première croyance. Loin donc de parler à son esprit, il ne s'adressa qu'à son cœur, et peu à peu il lui donna le désir qu'il existât une essence supérieure à tout ce qui respire, dont l'amour pour toutes ses créatures les lui faisoit regarder avec bonté, veillant sur elles lors même qu'elles nient son existence, et n'attendant que leur retour pour les combler des plus douces consolations : de l'idée d'un Dieu découle nécessairement celle de l'âme. Quel moyen y auroit-il que celui que nous ne pouvons comprendre que comme un pur esprit se communiquât à la matière ; il falloit donc que nous eussions eu nous-mêmes une portion de la divinité, pour que nous pussions par la pensée nous élever jusqu'à elle ? — Que regrettez-vous, lui disoit-il, en feignant toujours de croire que ce n'étoit que la douleur de la perte de sa femme qui le plongeoit dans cette profonde tristesse, si vous croyez que tout finit avec nous ? celle que vous aimiez n'est plus qu'une terre insensible qui n'entend point vos gémissemens, qui n'a nulle reconnoissance du sentiment que vous lui conservez ; peu lui importent vos regrets, vous ne la verrez plus. Que ne vous hâtez-vous de sécher vos pleurs, et de trouver dans un autre objet à satisfaire vos désirs, qui, n'étant pas éteints avec elle, vous donneroient des jouissances peut-être plus vives ; car si nous sommes de la même espèce des animaux qui couvrent le globe, pourquoi connoîtrions-nous des regrets qu'ils ignorent ? pourquoi cette fidélité pour un vain souvenir ? passons comme eux d'une union à une autre, n'ayant d'autre but que la réproduction de l'espèce, sans nous attacher à des qualités intellectuelles qui seules font le charme de l'amour. Si je ne croyois à rien, si je pensois que tout finit avec moi, ajouta Straden, je n'aimerois que ce qui me rendroit heureux, et je rejetterois avec effort tout souvenir importun qui nuiroit à ma félicité présente. Straden avoit remarqué que la sensibilité de Célicour ne pouvoit supporter le système qui borne nos jouissances à celles que nous partageons avec les brutes, et plus il sentoit que cette idée répugnoit à sa délicatesse, plus il la lui présentoit. — Non, non, mon ami, je suis forcé d'en convenir, lui dit un jour Célicour, celle dont je suis séparée n'avoit pas mérité tout mon amour par le seul prestige des sens; long-temps même je l'aimai avec la pureté qui n'appartient qu'aux esprits célestes, et ce fut malgré moi que je fus entraîné.... Mais vous ne pouvez m'entendre, mon ami, j'abuse de vos soins, je rends inutile votre persuasive éloquence ; tant que je ne vous découvrirai pas mon cœur, tant que vous croirez qu'il pleure une épouse qui dut par ses vertus, sa jeunesse et ses charmes éterniser mes regrets ; mais apprenez..... Grand Dieu ! qu'allois-je dire ?... non, non.... ce secret périra avec moi...... non, rendez-moi l'idée du néant pour que je puisse croire qu'en terminant une vie, qui m'est insupportable, d'affreux souvenirs ne me survivront pas au-delà de la tombe.

— Ah ! mon ami, vous m'en avez trop appris pour pouvoir vous taire désormais ; il faut, ou que je m'éloigne de vous, ou que je lise dans ce cœur déchiré ; car comment supporterois-je la vue constante de votre douleur sans aucun espoir de l'adoucir en ne connoissant plus la cause ?.... laissez-moi donc vous fuir, ou parlez-moi avec confiance..... Célicour hésita; puis se jetant dans les bras de Straden : — Vous saurez tout demain ; on livre l'assaut à Berg-op-zoom (1), il sera au pouvoir de la France; mais les lauriers de la victoire sont souvent teints du sang des vainqueurs. Demain je terminerai peut-être ma carrière au lit d'honneur. Je vais employer une partie de la nuit à écrire à des amis bien chers ; si je suis tué vous trouverez mes lettres dans cette cassette, dont je vous donne la double clef; je ne vous demande d'autre marque d'amitié que de les leur porter : je leur dirai tous vos soins gé-

---

(1) Cette ville fut prise d'assaut par le maréchal Lowendal, le 17 septembre 1747.

néreux, et vous pouvez compter sur leur reconnoissance..... mais si la mort m'épargne malgré moi, s'il me faut supporter quelques jours encore le poids des chagrins qui m'accablent, je vous donne ma parole de vous montrer mon cœur tout entier, et ma franchise m'assurera de votre estime, et le récit de mes maux votre tendre pitié. Straden n'ayant pas voulu insister, ils se séparèrent.

Athanaïse n'apprenoit pas sans un effroi continuel les dangers où son frère s'exposoit, et la gloire qu'il acquéroit n'étoit rien à ses yeux en pensant à ce qu'elle pouvoit lui coûter. Williams étoit retourné à Brest et Henriette ressentoit les mêmes inquiétudes ; mais plus heureuse que son amie, elle pouvoit en parler, tandis que l'infortunée n'osoit pas même prononcer le nom de l'ami de son cœur. Souvent sa mère la surprenoit fondant en larmes ; elle la serroit contre son sein....... Qu'auroit-elle pu lui dire ?

Jules faisoit toute sa consolation ; elle avoit éloigné de lui tous les tourmens de l'enfance, et suivant pas à pas la marche de la nature, c'étoit à cette mère sage qu'elle abandonnoit les premières années de son bien-aimé. Henriette suivoit son exemple, et peu d'années avant que le bienfaiteur des enfans eût publié cet ouvrage immortel, si mal entendu par ceux qui le lisent, ces deux intéressantes créatures jouissoient d'une éducation qu'un demi-siècle n'a pas encore rendue universelle. Mais il faut en convenir, ces enfans qui semblent ne demander aucuns soins, en exigent dont presqu'aucunes mères ne sont capables. Il faut dire avec Rousseau, si vous ne voulez pas entièrement suivre la nature, gardez-vous d'adopter ce que je vous enseigne. On croit élever ses enfans dans les principes de Jean-Jacques dès qu'on les plonge dans l'eau froide, et qu'on les fait courrir nu-pieds, et l'on ne pense point que l'enfant de la nature, semblable à la fleur nouvelle, ne doit être caressé que par le zéphir, que la plus légère impression lui est dangereuse, qu'il faut le couvrir sans cesse d'une aile protectrice, et qu'en lui laissant un libre usage de ses forces, il faut veiller à ce qu'il n'en abuse point: ils croient encore, ceux qui ne connoissent d'un système que ce qu'il a d'extrême, qu'un enfant doit être jeté seul, sans appui; et pour ne pas lui laisser entendre ce qu'il ne doit pas savoir, ils le laissent absolument à lui-même, ils lui refusent ces douces caresses que l'enfant se plait à mêler à ses jeux. Mères, qui voulez suivre les lois de la nature, ne lisez aucun traité d'éducation, ouvrez les yeux et considérez que ce sont celles des animaux, soumises à l'ordre général ; elles ne s'en écartent jamais, et leurs petits sont heureux. Voyez-les tant que ces foibles créatures n'ont point la faculté de se mouvoir, sans cesse couchées auprès d'elles, les réchauffant de leur haleine(1); à peine se donnent-elles le temps de pourvoir à leurs propres besoins, et si elles ne sentoient pas qu'il faut réparer leurs forces pour se procurer le lait dont leurs petits ont besoin, elles ne penseroient pas à aller chercher leur nourriture. Mères, que votre enfant dorme près de vous, qu'il n'ait d'autre berceau que vos bras, que son sommeil

---

(1) On n'a peut-être pas observé que l'enfant a si peu de chaleur jusqu'à l'âge de six mois que son souffle est froid.

n'y soit troublé ni provoqué par aucune secousse fatigante, que tout ce qu'il entend n'ébranle pas ses foibles organes. J'ai vu des enfans tressaillir au moindre bruit ; mais commence-t-il à faire usage de ses forces, voyez encore cette mère, que l'instinct sert plus que votre raison, obscurcie par les préjugés, elle le porte hors du lit qui l'a vu naître, elle marche auprès de lui, elle choisit le lieu le plus propice à ses premiers pas, elle se couche, et sans le perdre de vue, elle est toujours là pour le défendre ; cependant le petit saute autour d'elle, et lorsque le feu qui soutient sa vie s'attiédit, il vient en puiser de nouveau sur le sein qui l'a nourri. Femme sensible, voilà votre modèle ; votre enfant peut quitter vos genoux, vous pouvez, près de lui, vous livrer à des occupations, qui sans fixer toute votre attention, soient utiles ou à vos intérêts, ou à votre plaisir; mais soyez toujours à portée de votre enfant, qu'il puisse toujours revenir dans vos bras, ou se réchauffer, ou se reposer, que jamais il ne soit repoussé par vous. Ah! le sentiment du malheur et de l'abandon ne vient que trop tôt se présenter à l'être foible qui ne peut vivre sans vous; mais sera-ce des femmes mercenaires qui auront cette patience, dont vous serez promptement récompensées? L'enfant élevé de cette manière fera de grands pas dans le chemin de la vie, et tandis que ceux à qui on refuse cette suite continuelle de soins dans leurs premières années, en exigent encore d'indispensables à trois ou quatre ans, les miens n'ont pas un demi-lustre que non-seulement il n'ont plus besoin de secours, mais même soignent celui qui le suit. Loin de vous ces frayeurs pusillanimes qui empêchent l'enfant d'essayer ses forces, et qui dans la crainte d'un malheur qni n'arrive pas, en font un continuel pour ces pauvres petits de la contrainte où l'on les retient. Jules couroit, sautoit, grimpoit partout; on l'avertissoit seulement du danger : alors si vous aviez vu sa prudence ; il est dans la nature de conserver son existence, et plus elle est heureuse, plus on y tient fortement ; l'enfant élevé ainsi ne veut pas mourir, quoiqu'il ne sache pas encore ce que c'est de cesser d'être. Une chute, dont on prévient toujours ses effets quand votre enfant est sous vos yeux, l'avertit de ce qu'il en coûte pour être maladroit. Lise à quinze mois montoit et descendoit un escalier ; elle s'y laissa tomber : de ce moment elle apprit que le tournant étoit moins sûr que le plein de la marche, et depuis vous ne l'auriez pas fait monter ou descendre d'un

autre

autre côté pour rien au monde : cette leçon une fois reçue est pour elle et les autres enfans d'Henriette. Mais ces soins physiques ne sont rien en comparaison de ceux qu'exigent le développement de la raison. Heureuse la mère qui saisit la première pensée de son enfant. A qui est confié d'ordinaire ce premier rayon de lumière, qui est vraiment celui que Prométhée déroba aux Dieux, à des femmes qui ont éteint par des vices ce feu sacré, où chez qui il est obscurci par les préjugés et l'ignorance. Ah! laissez-le plutôt bondir dans vos prairies avec vos agneaux, que les arbres des forêts lui servent d'abris, qu'il n'entende que le chant des oiseaux, qu'il n'ait de société qu'avec les bêtes sauvages plutôt que de resair empoisonné de la basse flatterie ou d'être exposé aux caprices; que dis-je? à la brutalité de ces âmes vénales, qui, ne voulant pas être de bonnes et simples paysannes, viennent joindre la rusticité de leur éducation aux mœurs corrompues des grandes villes. C'est dans leurs bras qu'ils apprennent à connoître la crainte, la jalousie, qu'ils développent le penchant que tous les hommes ont au mensonge (1) et qui se détruit dans l'enfant

---

(1) Ce n'est pas sans peine que je fais cette réflexion ; j'ai suivi les premiers mouvemens de l'enfant et j'ai vu qu'il avoit la faculté de déguiser sa pensée, même avant de pouvoir l'exprimer par la parole. Je l'ai vu et je me suis dit : le mensonge est dans la nature ; la nature n'est donc pas bonne par elle-même ? Loin de nous ce blasphème ; mais c'est que nous la corrompons avant qu'elle se soit développée ; nous exigeons de l'enfant, nous lui formons des pensées, si je puis me servir de cette expression ; alors cet entendement, qui est comme une jeune plante que la moindre chose fait gauchir, tourne dans nos mains, et se sert pour suivre sa volonté, qui est toujours la

qu'on ne trompe jamais : que la loyauté, la douceur, la liberté, la gaîté au front serein soient les compagnes de son enfance. La terreur, arme des tyrans, attendoit ces êtres foibles au sortir du berceau et énervoit toutes les puissances de leur âme. Athanaïse connoissoit un moyen plus puissant, l'amour, l'enfant chéri de ses parens ne veut pas leur déplaire. Jules, né avec des passions violentes, pouvoit oublier un instant qu'il affligeoit celle qui lui tenoit lieu de mère ; mais un seul regard le rappeloit à lui-même ; d'ailleurs elle se gardoit

---

première faculté qui se développe, de nos pensées factices pour nous tromper. Les animaux, dont nous ne corrompons pas l'instinct, ne mentent jamais, même par gestes. Donc la nature, comme son auteur, est la vérité même, et quand je dis que l'enfant est menteur en naissant, j'entends que nous le rendons tel.

bien d'user de son autorité pour les choses de peu d'importance, et comme un cultivateur habile n'extirpe de son champ que les plantes dont les profondes racines étoufferoient la semence et laisse croître celles qui n'ayant que peu de force, loin de nuire à la moisson, l'assure en garantissant le grain de l'extrème chaleur ; de même elle n'attaquoit que ce qui pouvoit devenir un vice, et laissoit ces défauts inséparables de l'enfance, et dont l'instituteur habile peut faire des qualités estimables. Dire toujours à un enfant, c'est être bien sûr de ne pas être écouté. Il semble dans presque toutes les éducations qu'on prenne plaisir à détériorer l'homme : je vois partout que l'on contrarie la nature, que l'on veut assujétir à des lois arbitraires la reine du monde. L'enfant dort, boit, mange à la volonté de ceux qui le gouvernent, comme si les différens appétits n'étoient pas donnés à l'enfant comme à l'homme. L'enfant, direz-vous, n'a pas de raison ; les petits des animaux en ont-ils plus que lui ? cependant ils ne sont pas malades par intempérance. Jules et Lise ne connoissoient non plus aucune des infirmités auxquelles les autres enfans sont soumis ; sûrs que dans tous les instans de la journée on leur donnoit tout ce qui pouvoit leur faire plaisir, ils ne se hâtoient pas, comme les autres enfans, de satisfaire des goûts contrariés sans cesse. Les dents, ce fleau qui enlève tant d'hommes, presqu'au moment où ils naissent, ne leur causèrent que de légères souffrances ; leurs nerfs, assouplis par une onde tiède, ne s'irritoient pas par la douleur ; le sang et les humeurs ne refluoient point au cerveau, sur lequel l'air agissoit sans cesse, n'ayant jamais la tête couverte dans aucune saison de l'année ; enfin c'étoient les enfans les plus heureux et les mieux portans que l'on pût connoître. Pardon si je me suis étendu sur ces minutieux détails ; mais comment n'aurois-je pas rendu hommage à celle à qui j'ai dû les douces années de mon enfance ? frère de l'aimable Lise, je fus aussi élevé par ma mère sous les yeux de la sensible Athanaïse.

Elle apprit enfin le mystère de l'apparition de la vallée des tombeaux. L'orage qui avoit suivi cette soirée, rendit pendant quelques jours la communication impossible entre Célicour et Apremont ; la petite rivière qui les séparoit étoit débordée, et ce ne fut que le quatrième jour que l'on pût passer sur la chaussée, et elle étoit à peine découverte que le chevalier proposa à ses frères d'aller voir leur ami Williams : ils y consentirent. Athanaïse

les aperçut la première, et dit à sa mère :
— Je ne sais pourquoi, mais j'ai un pressentiment que cette société troublera la nôtre : ils sont fort jeunes ; Henriette est très-jolie ; son mari a tort de les voir assidûment. Ils entrèrent et le chevalier s'approcha avec empressement d'Athanaïse, qui le salua très-froidement. — Quoi, lui dit-il tout bas, mon respect, ma soumission ne vous ont point désarmée ; c'est donc en vain que j'ai reçu les plus doux aveux. — Grands Dieux ! dit-elle, c'est vous qui êtes venu à la vallée des tombeaux ? Quoi ! dit le chevalier, vous ne le saviez pas, et ce n'étoit pas à moi que s'adressoient ces mots, qui tout en me glaçant de crainte, (car peut-on aimer sans crainte d'offenser ce que l'on aime,) me causoient une joie si pure en vous voyant répondre à l'amour que je vous ai voué pour la vie.

Ce n'est donc pas assez de penser que je ne suis pas aimé, il faut encore apprendre que j'ai un rival, et un rival qui a su toucher ce cœur, que j'eusse préféré à la plus brillante couronne. Athanaïse, éprouvant tous les maux réunis, le laissoit parler sans chercher à l'interrompre. Cependant, comme il continuoit à lui exprimer ses sentimens avec une grande véhémence, elle craignit qu'il ne fut entendu, et prenant tout à coup le seul parti digne d'elle, elle lui dit : — Je pourrois, monsieur, ne pas vous expliquer ce qui a causé votre méprise et me contenter de vous dire à quel point je suis offensée que vous vous soyez permis de pénétrer dans un lieu fermé, où je me croyois seule ; mais mon cœur est si pur qu'il ne craint point de vous y voir lire ; cependant comme cette explication pourroit être longue, et qu'il paroîtroit extraordinaire de nous voir causer si long-temps à voix basse, je vais prier ma mère de vouloir bien passer avec vous dans mon appartement ; là, vous saurez qu'il ne vous reste d'autre espoir que de mériter mon estime, par le plus profond secret que vous garderez sur cette aventure. Elle appelle sa mère et dit haut : — Ma mère, M. le chevalier veut vous demander d'employer votre crédit auprès de mon oncle pour une grâce qui dépend du maréchal de *** ; si vous voulez nous passerons dans mon cabinet, où il vous expliquera ce qu'il désire. Madame Amélie se leva et ils sortirent tous trois du salon. — Je vous ai prié, ma mère, dit Athanaïse, de venir être témoin de ce que j'ai à dire à M. d'Apremont pour qu'il ne puisse révoquer en doute la vérité, en me voyant prendre un témoin aussi respectable. — D'abord je vous demande, monsieur, par quel moyen vous vous êtes procuré la clef des bosquets. Ne cherchez pas à le déguiser ; car si je ne sais qui vous l'a remis, je prierai ma mère de renvoyer tous ses jardiniers, et ainsi les innocens seront punis pour que le coupable ne puisse échapper. — Hélas ! madame, ce seroit bien injustement que vous ôteriez vos bontés même à celui qui m'a donné cette clef, il n'a point cru rien faire qui pût vous déplaire, et moi-même je n'avois aucun projet qui pût vous offenser. Dès le premier jour que je vous ai vue j'ai pris pour vous la passion la plus vive. Je parlai de vous à ma mère avec l'enthousiasme dont vous m'avez rempli ; elle désira faire connoissance avec vous ; vous refusâtes de venir à Apremont, je savois que vous seriez seule et je désirois profiter de cet instant pour vous faire l'aveu de l'amour le plus respectueux. Je voulois mettre à vos pieds ma vie et ma fortune : quoique cadet, elle est considérable ; un de mes oncles, mort en Canada, m'a fait son héritier : je suis beaucoup plus riche que mon aîné. Cependant Wiliams et mon frère ne me laissèrent pas libre aussitôt que je le voulois, il fallut faire une partie de billard ; ils vinrent ensuite aux écuries et y restèrent long-temps ; enfin, brûlant d'impatience, je montai un cheval qui m'étoit arrivé de Londres depuis peu de jours, et sous prétexte de leur faire voir comme il couroit bien, je gagnai une route du parc, et tournant à droite, je fus sur le chemin de Célicour ; tandis qu'ils m'attendoient au manège ; il étoit déjà sept heures et le jour tomboit. Je trouvai à la grille qui donne près du moulin un de vos jardiniers, je lui demandai si vous étiez au château. — Je ne crois pas, dit-il. J'ai vu mylady entrer dans les bosquets ; voilà la clef, vous verrez dans lequel elle est ; je l'acceptai avec autant de simplicité qu'il en avoit mis à me l'offrir. Je descendis de cheval, je le fis garder par son fils, et j'entrai dans plusieurs bosquets sans vous y trouver ; il étoit plus de huit heures et j'allois regagner la grille du parc, pensant bien que vous étiez rentrée et que ces dames étoient revenues, lorsque j'aperçus au travers de la haie qui borde la vallée des tombeaux, une robe blanche : j'ouvre la grille ; vous étiez à genoux auprès de celui de votre père ; je n'osai d'abord troubler votre profonde méditation ; mais craignant de manquer l'instant favorable de vous peindre mes sentimens, l'effroi que je vous causai me fit bientôt repentir de ma témérité et je m'éloignai promptement de vous. Vous m'ordonnâtes de me nommer ; la crainte de vous déplaire enchaînoit ma langue : ce fut alors que vous m'adressâtes, hélas ! sans que vous m'eussiez reconnu, ces paroles qui sont à jamais gravées dans mon cœur pour en faire le tourment, ces paroles auxquelles j'allois répondre par les témoignages de la plus vive reconnoissance, lorsque tout à coup vous m'avez fui. Je vous suivis quelque temps ; mais pensant que c'eût été vous compromettre d'oser paroître rentrer avec vous, je repris la route où j'avois laissé mon cheval, espérant bien le lendemain venir à vos pieds chercher la confirmation d'un aveu qui surpassoit mes espérances. Cependant les élémens déchaînés m'ont privés pendant quatre jours de ce bonheur ; je venois aujourd'hui, le cœur rempli d'espoir ; quelle est ma surprise au premier mot que je vous adressse, lorsque vous me répondez avec une froideur extrême? j'ose m'en plaindre, et c'est pour apprendre que je suis le plus infortuné des hommes. Athanaïse, pendant que le chevalier parloit, avoit eu le temps de recueillir les puissances de son âme; elle lui dit enfin : — Un hasard cruel vous a rendu maître du secret de ma vie; oui, mousieur, j'aime le mortel le plus digne de mon amour; mais un obstacle insurmontable me sépare pour jamais de lui. J'avoue que toute occupée de sa pensée, j'ai cru que c'étoit lui qui, malgré ma défense, avoit osé venir dans cet asile respectable; vous avez dû voir que j'étois loin de vouloir l'écouter, et si vous enviez son sort, si l'amour que j'ai pour lui et qui durera plus que ma vie, excite votre jalousie, croyez qu'il mérite encore bien plus votre pitié, par les maux affreux que lui cause un sentiment. — Il est aimé, madame, et vous pouvez le plaindre ? — Il est le plus infortuné des hommes. Voilà, reprit Athanaïse, l'explication que je me devois à moi-même ; d'après ces aveux réciproques je n'ai plus rien à entendre, et je vous crois, M. le chevalier, trop de délicatesse pour me causer, par votre présence, l'embarras qu'elle me fera toujours éprouver. Je sais que votre congé expire ainsi que ceux de MM. vos frères. — On va prendre les quartiers d'hiver, reprit vivement M. d'Apremont, et nous avons obtenu la permission de rester ici jusqu'au printemps ; c'est ma mère qui l'a demandé au ministre depuis la mort de mon père, qui nous avoit fait revenir près d'elle. Ses infirmités ont tellement augmenté qu'elle ne peut se passer de nous, et nous ne rejoindrons nos drapeaux que lorsqu'ils nous conduiront à de nouvelles victoires ; d'ailleurs ne vous flattez pas, mylady, que je puisse me priver du bonheur de vous voir......... moins docile à vos ordres, parce que j'aime davantage que celui que vous avez banni de votre présence, toujours tant que l'honneur me le permettra, je saisirai les occasions.....

— Vous ne voulez pas, monsieur, m'accorder la prière que je vous fais, ce sera donc à moi de trouver les moyens de me délivrer d'un supplice que je ne pourrois supporter. En disant ces mots, elle sortit. D'Apremont retint un instant madame Amélie, et tâcha de l'intéresser à son sort. Elle auroit désiré que sa fille pût consentir à une union qui réunissoit tous les avantages ; mais elle connoissoit trop le cœur d'Athanaïse pour s'en flatter ; ainsi elle ne put donner au chevalier aucun espoir.

FIN DU TROISIEME VOLUME.

www.ingramcontent.com/pod-product-compliance
Lightning Source LLC
Chambersburg PA
CBHW071527160426
43196CB00010B/1692